Buch und Zeitschrift
in Geistesgeschichte und Wissenschaft

Herausgegeben von
Paul Kaegbein, Wilma Klompen,
Hans-Joachim Koppitz, Ludwig Sickmann

Band 1
Otto-Ernst Krawehl
Die „Jahrbücher für Nationalökonomie
und Statistik“ (1863 bis 1915)

Verlag Dokumentation München 1977

# Die „Jahrbücher für Nationalökonomie und Statistik“ unter den Herausgebern Bruno Hildebrand und Johannes Conrad (1863 bis 1915)

Von Otto-Ernst Krawehl

Verlag Dokumentation München 1977

AUTOR

Dr. Otto-Ernst Krawehl, Bibliotheksrat z.A.
Staats- und Universitätsbibliothek, Hamburg



CIP-Kurztitelaufnahme der Deutschen Bibliothek

**Krawehl, Otto-Ernst**
Die „Jahrbücher für Nationalökonomie und Statistik" unter den Herausgebern Bruno Hildebrand und Johannes Conrad (1863 – 1915) [achtzehnhundertdreiundsechzig bis neunzehnhundertfünfzehn]. –
1. Aufl. – München : Verlag Dokumentation, 1977.
(Buch und Zeitschrift in Geistesgeschichte und Wissenschaft ; 1)
ISBN 3-7940-6450-X


Druck/Binden: Friedrich Pustet, Graph. Großbetrieb, Regensburg
Printed in West Germany
ISBN 3-7940-6450-X

# Inhalt

# Vorwort

„Zeitschriften bilden eine der großen Kategorien, deren Ordnung und Nutzbarmachung Aufgabe der Bibliotheken ist; bei der Bedeutung der Zeitschriftenliteratur für die Wissenschaft, dem Umfang der Produktion, dem erdrükkenden Anteil am Anschaffungsetat stellen die Zeitschriften den Bibliotheken sogar eine ihrer größten Aufgaben."(1) – aus diesen Bemerkungen lassen sich zumindest zwei Gründe ableiten, die es gerechtfertigt erscheinen lassen, das Zeitschriftenwesen nicht nur global, sondern auch in herausragenden Einzelbeispielen unter bibliothekarischen Gesichtspunkten zu untersuchen. Zum einen erscheint es, wenn man von dem ‚hohen Anteil der Zeitschriften am Erwerbungsetat' und von dem ‚großen Umfang der Zeitschriften-Produktion' spricht, durchaus erforderlich, Gesichtspunkte zu entwikkeln, die bei Auswahlentscheidungen zur Urteilsbildung beitragen können. Dies gilt in Hinblick auf die rechts- und staatswissenschaftlichen Zeitschriften in besonders hohem Maße, weil hier der Umfang der Zeitschriften-Produktion, wie sie in der Relation zur Buchproduktion zum Ausdruck kommt (2), weit über den entsprechenden Verhältnissen anderer Wissenschaftsbereiche liegt. Zum zweiten setzt die bibliothekarische Erschließung dieser Literaturgruppe ebenso wie eine hieran anknüpfende Auskunftstätigkeit voraus, daß man sich über die Möglichkeiten und Besonderheiten der in Zeitschriften enthaltenen Stoffdarbietung ein Bild zu verschaffen sucht.

Dabei wird man mit Erstaunen feststellen, daß von Seiten der Wissenschaft bisher praktisch keine Arbeiten geliefert worden sind, auf die eine solche Untersuchung im Bereich des nationalökonomischen Zeitschriftenwesens aufbauen könnte. Die einzige mir bekannt gewordene Ausnahme ist eine Darstellung der von G.H. Zincke in den Jahren 1742–1767 herausgegebenen ‚Leipziger Sammlung von wirthschaftlichen, Policey-, Cammer- und Finanz-Sachen', die W. Roscher in den ‚Jahrbüchern' veröffentlichte (3) und später in seine ‚Geschichte der National-Ökonomik in Deutschland'(4) aufnahm; in anderen Dogmengeschichten wie in den Lehr- und Handbüchern

1) H. Schreiber: Bibliothekarische Zeitschriftenbetrachtung (in: Zeitungswissenschaft, Jahrg. 10, Berlin u. Leipzig 1935, S. 166 ff.), S. 167.
2) Vgl. hierzu ausführlich G. Menz: Die Zeitschrift. Stuttgart 1928, S. 59 ff.
3) In: ‚Jahrbücher', Bd 4, 1865, S. 85 ff.
4) München 1874, S. 430 ff.

der Nationalökonomie wird das Zeitschriftenwesen des Faches allenfalls am Rande erwähnt (5), im ‚Handwörterbuch der Sozialwissenschaften', auch in den älteren Auflagen, fehlt jeder Hinweis hierauf.

Einen von bibliothekarischer Seite unternommenen Ansatz lieferte H. Sontag mit einer Auswertung der Rezensionsteile wirtschaftswissenschaftlicher Zeitschriften für die Jahre 1965/66 (6), der sich damit einem für die praktische Arbeit des Fachreferenten zweifellos bedeutenden Teil der periodischen Presse zuwandte. Zu Aufschlüssen über die eigentlichen Besonderheiten des nationalökonomischen Zeitschriftenwesens kommt man durch eine Untersuchung solcher Teilaspekte freilich nicht. Denn einmal ergänzen sich die einzelnen Rubriken einer Zeitschrift gegenseitig und bilden so erst den Zusammenhang, der das Gesamtbild einer Zeitschrift ausmacht. Dazu kommt, daß dieses Bild im Laufe einer längeren Periode nicht unverändert feststeht, sondern Einflüssen unterliegt, die von den persönlichen Verhältnissen und Auffassungen der Herausgeber ebenso wie von der Weiterentwicklung des Faches ausgehen, als dessen Organ die Zeitschrift dient. Erst die Untersuchung solcher Gesamtaspekte kann zu Ergebnissen führen, die, über die mehr oder weniger zufälligen Verhältnisse eines Einzelfalles hinaus, Aufschluß über das – in diesem Falle – nationalökonomische Zeitschriftenwesen überhaupt und besonders darüber geben können, in welchen Formen und innerhalb welcher Grenzen dieses der Wissenschaft zu dienen vermag. Solche Ergebnisse aber bieten Ansätze für die bibliothekarische Erschließung dieses Materials ebenso wie für den die wissenschaftliche Arbeit fördernden Auskunftsdient.

Für eine solche Untersuchung die ‚Jahrbücher für Nationalökonomie und Statistik' während der ersten fünfzig Jahre ihres Bestehens zu wählen, erschien aus mehreren Gründen vorteilhaft. Zum einen handelt es sich hierbei, wenn man die um fast zwanzig Jahre ältere ‚Zeitschrift für die gesamte Staatswissenschaft' ausnimmt, die anfangs einen sachlich sehr viel weiter gespannten Bereich umfaßte, um die älteste speziell wirtschaftswissenschaft-

5) So in G. Cohns Grundlegung der Nationalökonomie, Stuttgart 1885, S. 169 ff.
6) Vgl. H. Sontag: Der Buchbesprechungsteil deutscher wirtschaftswissenschaftlicher Zeitschriften (in: Schmollers Jahrbuch für Wirtschafts- und Sozialwissenschaften, Jahrg. 88, Berlin 1968, S. 457 ff.); diese Abhandlung ist die Kurzfassung einer BLI-Hausarbeit aus dem Jahre 1968. – Daran anschließend B. Schultz: Einige Bemerkungen zu Rezensionen in unseren volkswirtschaftlichen Fachzeitschriften (ebd. S. 481 ff.).

liche Zeitschrift und dabei heute noch um eines der führenden Organe des Faches. Zum zweiten konnten die ‚Jahrbücher' während der ersten Phase ihres Bestehens, der Zeit unter Hildebrand, nicht nur inhaltlich, sondern auch in formaler Hinsicht, als ein exemplarisches Erzeugnis der ‚Historischen Schule der Nationalökonomie' gelten. Von den Ansätzen einer hinsichtlich des potentiellen Leserkreises freilich eng begrenzten wissenschaftlichen Spezialzeitschrift ausgehend, haben sie unter J. Conrad dann eine Ausweitung erfahren, die sie unter diesem Herausgeber zu einem der repräsentativen Journale des Faches werden ließ. Die Darstellung dieses Wandels führt zum dritten schließlich zu Ergebnissen, die, besonders in typologischer Hinsicht, über den besonderen Fall einer einzelnen Zeitschrift hinausgehen.

Das Material für diese Untersuchung (7) ist weitgehend den ‚Jahrbüchern' selbst entnommen, wobei mir der Umstand zu Hilfe kam, daß das in der UB Bonn vorhandene Exemplar der Zeitschrift bis 1914 mit den Heftumschlägen gebunden wurde, auf denen zahlreiche redaktionelle Mitteilungen und Verlagsprospekte gerade auch für die Jahrbücher selbst abgedruckt worden waren. Als weitere literarische Quellen von besonderem Wert für diese Arbeit seien an dieser Stelle die ‚Lebenserinnerungen' Conrads sowie eine von F. Lütge, einem der späteren Herausgeber, verfaßte Firmengeschichte des Verlages von Gustav Fischer, Jena, genannt.

7) Sie wurde als Hausarbeit zur Prüfung für den höheren Dienst an wissenschaftlichen Bibliotheken, Herbsttermin 1975, beim Bibliothekar-Lehrinstitut des Landes Nordrhein-Westfalen angefertigt und wird hier in unveränderter Form mit Genehmigung des Staatlichen Prüfungsausschusses veröffentlicht.

## Erster Teil:

## Die ,Jahrbücher' unter Bruno Hildebrand – eine wissenschaftliche Fachzeitschrift

# I Bruno Hildebrand als Vertreter der älteren historischen Schule

## *1. Die ‚neue deutsche Nationalökonomie'*

Der entscheidende Ansatz für die seit den 1840-er Jahren in Deutschland sich herausbildende Nationalökonomie ‚nach geschichtlicher Methode' lag in der Ablehnung der auf den Gedanken Adam Smiths aufbauenden, inzwischen auch in Deutschland verbreiteten ‚englischen Freihandelslehre'. Dabei wandte man sich nicht mehr, wie einige Vorläufer dieser Entwicklung (F. Gentz; A. Müller; F. List), gegen einzelne Teile oder gegen die wirtschaftspolitischen Konsequenzen jener Lehre; die Leistung der Roscher, Stein, Hildebrand und Knies lag darin, daß sie den ‚Smithianismus' insgesamt in Frage stellten (8).

Der grundsätzliche Einwand dieser Forscher richtete sich gegen die Vorstellung, daß das Wirtschaftsleben nach ‚naturgesetzlichen', allgemein gültigen Regeln ablaufe und wegen dieser ‚natürlichen' Eigengesetzlichkeit sich selbst überlassen werden könne und sollte; jeder staatliche Eingriff in den Wirtschaftsablauf und die sozialen Verhältnisse wurde hiernach abgelehnt. Dabei ist es für die Fortentwicklung des Faches bezeichnend, daß dieser Angriff nicht von Nationalökonomen, sondern von Männern vorgetragen wurde, welche vom Standpunkt anderer Fächer an die Wirtschaftslehre herantraten oder doch Analogien von dorther für die Weiterbildung der Wirtschaftslehre bildeten. So suchte W. Roscher, aus der Schule der Historiker Gervinus, Dahlmann und Ranke kommend, unter Hinweis auf die von F. von Savigny begründete historische Rechtsschule die geschichtliche Methode in die Nationalökonomie einzuführen (9). Hierin wurde er von B. Hildebrand bestärkt, der, selbst ebenfalls Historiker, sich seinerseits auf die Forschungsmethoden der historischen Sprachwissenschaft eines

8) Als allgemeine Darstellungen wurden für diesen dogmengeschichtlichen Überblick benutzt: H. v. Scheel: Geschichte der politischen Ökonomie (in: Handb. d. Pol. Ökonomie, hrsg. v. G. Schönberg, Bd 1, Tübingen 1882, S. 57 ff.), S. 75 ff.; G. Cohn, a.a.O. S. 91 ff.; P. Mombert: Geschichte der Nationalökonomie, Jena 1927, S. 374 ff., bes. S. 449 ff.; E. Salin: Geschichte der Volkswirtschaftslehre, 4. Aufl., Bern u. Tübingen 1951.

9) W. Roscher: Grundriß zu Vorlesungen über die Staatswirtschaft. Nach geschichtlicher Methode. Göttingen 1843.

*Bruno Hildebrand (6.3.1812–29.1.1878)*

Jakob Grimm berief (10). Die erste abgeschlossene Methodenlehre der neuen Richtung schuf schließlich C. Knies (11), der unter dem Einfluß der idealistischen Philosophie besonders Hegels stand.

Die Bedeutung dieser Vertreter der ‚älteren historischen Schule' lag darin, daß sie besonders in Hinblick auf die Methode den Anstoß dazu gegeben haben, „auf dem Gebiete der Nationalökonomie einer gründlichen historischen Richtung und Methode Bahn zu brechen"(12). Die genauere Formulierung der Forschungsaufgabe, die Präzisierung des Forschungsgegenstandes und die hieran anknüpfende wissenschaftliche Detailarbeit lag überwiegend in der Hand der ‚jüngeren' Richtung dieser Schule. Deren Führer, G. Schmoller, hat den Fortschritt der ganzen Richtung gegenüber der Smith'schen Lehre einmal sehr einprägsam zusammengefaßt: Die Volkswirtschaftslehre habe sich auf der einen Seite mit den technisch-natürlichen Verhältnissen des Wirtschaftslebens – dem *‚Fundament'* der Volkswirtschaft – zu beschäftigen. Zum anderen gelte es aber auch, die an Zeit und Raum gebundenen, durch psychologische und ethische Motive bedingten Umstände, die – als ‚ein viel beweglicherer *Zwischenbau'* – die Individualität aller wirtschaftlichen Erscheinungen ausmachten, zu berücksichtigen. „Ein großer Teil aller bisherigen volkswirtschaftlichen Untersuchungen litt an dem großen Fehler, ... bestimmte wirtschaftliche Zustände direkt aus jener ersten Reihe von Ursachen abzuleiten. Sie vergaßen oder übersahen den ganzen Zwischenbau"(13).

Die Ergebnisse dieser Forschungsarbeit fanden ihren Niederschlag in einer außerordentlich reichhaltigen wirtschaftsgeschichtlichen und -statistischen Literatur. Gerade die statistische Fundierung aller nationalökonomischen (im Sinne einer historisch-realistischen) Forschungsarbeit hatte schon zu den methodologischen Forderungen der älteren historischen Schule gehört (14); auf Hildebrands Bemühungen um diese Forschungsmethode

10) B; Hildebrand: Die Nationalökonomie der Gegenwart und Zukunft. Frankfurt 1848 (im folg. zit. als ‚Nationalökonomie' nach der v. H. Gehrig bes. Ausgabe Jena 1922).
11) C. Knies: Die politische Ökonomie vom Standpunkt der geschichtlichen Methode. Braunschweig 1853.
12) B. Hildebrand: ‚Nationalökonomie', a.a.O. S. XXIV.
13) G. Schmoller: Offenes Sendschreiben an Herrn Prof. Dr. Heinrich von Treitschke über einige Grundfragen des Rechts, und der Volkswirtschaft (in: Jbb, Bd 23, 1874, S. 225 ff.), S. 264.
14) C. Knies: Die Statistik als selbständige Wissenschaft. Braunschweig 1850.

wird im folgenden noch einzugehen sein. – Neben dieser wissenschaftlich außerordentlich fruchtbaren Arbeit war es das aus dem unvoreingenommenen Studium der Wirklichkeit gewonnene sozialpolitische Engagement, das diese Forscher ausgezeichnet hat: in der Überzeugung, daß die aus den sozialen Gegensätzen erwachsenden gesellschaftlichen Spannungen nur durch staatliche Eingriffe zu mildern seien und daß die Wissenschaft hierzu Stellung zu nehmen habe, schufen sie sich 1872 im Verein für Sozialpolitik eine Vereinigungsgelegenheit, „um in Verbindung mit einigen Vertretern anderer Berufe regelmäßige Versammlungen zur Besprechung der sozialen Frage abzuhalten (und) . . . um ein Gegengewicht gegen den schädlichen Einfluß der manchesterlichen Lehre zu schaffen."(15)

## *2. Hildebrands praktisch-tätige Wirksamkeit bei der Vertretung seines Faches in Jena (1861–1878)*

Bruno Hildebrands wissenschaftliche Position ist im allgemeinen bereits umrissen worden. Sie findet sich ausführlich in seinem 1848 entstandenen, allerdings unvollendet gebliebenen Hauptwerk ‚Die Nationalökonomie der Gegenwart und Zukunft' begründet, in dem er die bisherigen volkswirtschaftlichen Lehren einer sorgfältigen Kritik unterzog. Die dort insbesondere formulierte Absage an den absoluten Gültigkeitsanspruch der auf A. Smith aufbauenden Lehre wiederholte er in seinem die ‚Jahrbücher' programmatisch einleitenden Aufsatz mit der „erste(n) und dringendste(n) Forderung der Gegenwart an die nationalökonomische Wissenschaft, daß sie ihre ganze naturwissenschaftliche Grundanschauung einer Kritik unterwirft und die Frage beantwortet, ob und inwieweit im Wirtschaftsleben wirklich Naturgesetze herrschen"(16).

Diese Frage hat Hildebrand im Vorwort zu seinen ‚Jahrbüchern' selbst eindeutig beantwortet: „Die Wissenschaft von der Ökonomie der Völker ist . . keine abstrakte, die gleich den Naturwissenschaften für alle Verhältnisse

15) E. v. Philippovich: Das Eindringen der sozialpolitischen Ideen in die Literatur (in: Die Entwicklung der deutschen Volkswirtschaftslehre im neunzehnten Jahrhundert. Gustav Schmoller zur siebzigsten Wiederkehr seines Geburtstags. Zweiter Teil, Leipzig 1908, XXXI.), S. 47.

16) B. Hildebrand: Die gegenwärtige Aufgabe der Wissenschaft der Nationalökonomie (in: ‚Jahrbücher' Bd 1, 1863, S. 5 ff.), S. 19.

in Zeit und Raum das gleiche Gesetz aufstellt und alles nach gleichem Maße mißt, sondern sie hat die Aufgabe, den historischen Entwicklungsgang sowohl der einzelnen Völker, als auch der ganzen Menschheit von Stufe zu Stufe zu erforschen."(17) – Hildebrands eigener Beitrag zur weiteren Ausbildung der Wissenschaft lag – von jenen grundsätzlichen Anregungen abgesehen – freilich nicht in der Abfassung größerer Werke, sondern eher in der Art und Weise, wie er sein Fach als Hochschullehrer praktisch vertrat und so zur Ausbreitung seiner Auffassung von der Nationalökonomie beitrug – so, wie er selbst es Friedrich List als ‚ein großes Verdienst' nachrühmte, daß dieser „der erste deutsche Nationalökonom (gewesen sei), welcher die (nationalökonomische) Wissenschaft zur Sache des Volkes (gemacht habe)"(18).

### a) Die Übernahme des staatswissenschaftlichen Seminars in Jena

Die ökonomischen Fächer der Staatswissenschaften waren in Jena bis 1860 nicht durch einen eigenen Lehrstuhl vertreten worden. Zum Teil hielt der Direktor des Landwirtschaftlichen Lehrinstituts, F.G. Schulze, volkswirtschaftliche Vorlesungen, soweit dies für Land- und Forstwirte in Frage kam (19); daneben war es im Jahre 1849 zur Gründung eines staatswissenschaftlichen Seminars gekommen, das, zur philosophischen Fakultät gehörend, in den fünfziger Jahren von dem Juristen A.L.J. Michelsen und dem Staatswissenschaftler G.E. Fischer geleitet wurde (20). Als im Jahre 1860 (durch den Fortgang Michelsens und den Tod Schulzes) in dieser Kombination gleich eine doppelte Vakanz eintrat, hielt man es für sinnvoll, ein eigenes staatswissenschaftliches Ordinariat einzurichten. Als dessen erster Inhaber wurde 1861 Bruno Hildebrand berufen (21), der, seit 1841 als Professor der Staatswissenschaften in Marburg lehrend, sich aus politischen Gründen 1850 in die Schweiz begeben und dort zunächst in Zürich, seit

17) ‚Jahrbücher', Bd 1, 1863, Vorwort, S. 3.
18) B. Hildebrand: ‚Nationalökonomie' a.a.O. S. 54 f.
19) Vgl. Geschichte der Universität Jena 1548/58–1958. Bd 1, Jena 1958, S. 418 ff.
20) Vgl. ebenda, S. 420, sowie G. Fischer: Über die Errichtung staatswiss. Seminarien auf den deutschen Universitäten nebst einem Bericht über das staatswiss. Seminar zu Jena. Jena 1857, S. 105 ff.
21) Zu Hildebrands Berufung nach Jena vgl. Vollert, M.: Geschichte der Kuratel der Universität Jena (in: Zeitschrift des Vereins für Thüringische Geschichte und Altertumskunde, NF Bd 24, Jena 1920, S. 1 ff. u. 175 ff.), S. 198 f.

1856 in Bern die gleiche Stellung bekleidet hätte. Daß Hildebrand diese Berufung nach Jena „mit größter Freude"(22) aufnahm, führte Conrad auf persönliche Umstände zurück, die mit Hildebrands prakticher Tätigkeit in der Schweiz in Zusammenhang standen. In fachlicher Hinsicht wird er besonders die Möglichkeit, jenes ‚Staatswissenschaftliche Seminar auf der Universität zu Jena' als Mitdirektor zu übernehmen, als eine seinen pädagogischen Absichten entgegenkommende Voraussetzung seiner Lehrtätigkeit begrüßt haben.

Dieses Seminar, das erste Institut dieser Art in Deutschland, war im Jahre 1849 als eine ‚Anstalt' gegründet worden, „durch welche die Selbsttätigkeit derjenigen, die sich staatswissenschaftlichen Studien widmen, mehr angeregt und der Übergang von der Theorie zur Praxis besser vermittelt würde, als es durch akademische Vorträge geschehen kann"(23); das Programm des Seminars war von einem der Gründer, dem bereits erwähnten Staatswissenschaftler G. Fischer, entworfen worden. In didaktischer Hinsicht legte Fischer großen Wert darauf, daß die Teilnehmer sich in freien Vorträgen und selbständiger Vorbereitung und Diskussion mit den behandelten Themen auseinandersetzten und daß sie – als Seminarabschluß – eine schriftliche Bearbeitung über eines der im Laufe des Semesters besprochenen Themen anfertigten. – Hildebrand hatte „schon als Student wissenschaftliche Disputierübungen angeregt und geleitet, sowie seine Lehrtätigkeit damit schon im ersten Semester .. mit entschiedenem Erfolg begonnen"(24). Und die Schilderung, die Conrad, seit 1864 selbst Teilnehmer an diesen Seminaren, über diesen Teil der Lehrtätigkeit Hildebrands gegeben hat (25), vor allem aber auch der literarische Niederschlag, den ein Teil dieser Seminar-Arbeit in den ‚Jahrbüchern' gefunden hat, lassen deutlich genug erkennen, daß das bisher nach dem Plane Fischers arbeitende Institut der Wirksamkeit Hildebrands als Dozent günstigste Voraussetzungen bot.

Zu dieser Übereinstimmung in den Vorstellungen über die praktische Unterrichtsgestaltung kamen gemeinsame Anschauungen in bestimmten fach-

22) J. Conrad: (Nachruf auf) Bruno Hildebrand (in: ‚Jahrbücher' Bd 30, 1878, Heft 2/3, S. I ff.), S. VII.
23) G. Fischer, a.a.O. S. 106.
24) J. Conrad, a.a.O. S. XIV.
25) J. Conrad, a.a.O. S. XIV ff.

lichen Fragen, die in Hildebrands wissenschaftlicher Auffassung besonderes Gewicht hatten. Fischer war zwar gewiß nicht zu der neueren, historisch-realistischen Richtung der Nationalökonomie zu zählen: als Lehrer der weitgespannten ‚encyklopädischen' Staatswissenschaften neigte er in der Volkswirtschaftslehre eher der älteren, von Rau vertretenen Richtung einer an A. Smith angelehnten ‚Politischen Ökonomie' zu (26), legte sich auf deren Lehren allerdings keineswegs fest – im Gegenteil: „Es würde .. ein großer Fehler sein, wenn die Seminaristen sich nur mit der dogmatischen Behandlung des Gegenstandes der Übungen bekannt machten. Vielmehr ist es unerläßlich, daß sie zu einem gründlichen Studium der *Tatsachen* angeleitet werden; . . . Die Übungen des Seminars müssen sich daher auf *Geschichte* und *Statistik* erstrecken. Es kommt hauptsächlich darauf an, daß die Mitglieder ein reichhaltiges historisches und statistisches Material für einen bestimmten Zweck sammeln, prüfen, würdigen und benutzen lernen."(27) Dabei sah Fischer den Wert gründlicher historischer Kenntnisse in erster Linie als eine Voraussetzung bei der Lösung praktischer Aufgaben (28), kam damit der Hildebrandschen Auffassung von der grundsätzlichen methodologischen Bedeutung der geschichtlichen Forschung für die Nationalökonomie im allgemeinen aber doch entgegen. Auch in der Erhebung statistischen Materials sah Fischer zum Teil nur eine besonders dem Anfänger nützliche Hilfe bei der Erfassung nationalökonomischer Grundsätze und der „Anwendung abstrakter Lehrsätze auf wichtige konkrete Zustände und Fragen"(29); darüber hinaus räumte er statistischen Übungen insofern aber auch eine grundsätzliche Bedeutung ein, als die hier vermittelten Kenntnisse den Staatsbehörden dazu dienen könnten, „die Zustände der Gegenwart umfassender und genauer kennen zu lernen" und auf dieser Grundlage „im politischen und sozialen Leben das (zu) tun, was die wirklichen Zustände erfordern"(30). In der gründlichen statistischen Ausbildung der hierbei tätigen Beamten komme dem staatswissenschaftlichen Seminar eine hohe, ‚noch nicht hinreichend anerkannte' Aufgabe zu. – In welcher Weise Hildebrand diesen letzten Gedanken aufnahm, ist im folgenden darzustellen. Im übrigen konnte er in diesen Ansichten

26) Vgl. die von ihm angeführte Auswahl von Lehrbüchern (in: G. Fischer, a.a.O. S. 33, Anm. 9, und S. 42 f., Anm. 16).
27) G. Fischer, a.a.O. S. 49 f.
28) Vgl. ebd. S. 51.
29) Ebd. S. 54.
30) Ebd. S. 55.

nicht nur eine weitere Bestätigung seiner wissenschaftlichen Überzeugungen, sondern besonders auch Ansatzpunkte für eine Fortsetzung seiner praktischen Arbeiten erblicken, die in Bern zur Gründung des ersten kantonalen statistischen Büros der Schweiz geführt hatten.

### b) Die Einrichtung des ‚Statistischen Bureaus vereinigter thüringischer Staaten' und eines ‚Statistischen Seminars' in Jena

Hildebrands Bemühungen um Förderung und Ausbau der Statistik ergaben sich unmittelbar aus der von ihm vertretenen Auffassung von einer ‚historisch-realistisch' ausgerichteten Nationalökonomie: Wie der Naturwissenschaftler Beobachtungen und Erfahrungen im Experiment zu ‚absoluten Tatsachen verdichten' könne, so biete sich allen Wissenschaften, die das soziale Leben der Menschen zum Gegenstand hätten, in der Statistik „ein Weg, zu sicheren Tatsachen, die als Ausgangspunkt und Grundlagen der Wissenschaft dienen können, zu gelangen"(31). Hieraus folgt die Bedeutung der Statistik besonders für die nationalökonomische Forschung. Zum einen schafft sie die Voraussetzungen dafür, daß „wissenschaftliche Gedanken an den Tatsachen und Erfahrungen ihre Prüfung und Läuterung erhalten"(32). In gleicher Weise wirkt sie ihrerseits anregend auf die Forschung, indem die durch statistische Tatsachenerhebung ermittelten räumlichen oder zeitlichen Verschiedenheiten zwischen einzelnen Landesteilen, Bevölkerungsklassen, Gewerbezweigen etc. „von selbst zur Frage nach den Ursachen derselben und demzufolge auch zur eigentlichen Forschung nach den in dem sozialen und öffentlichen Leben der Völker wirkenden Kräften und Gesetzen nötigen"(33). – Für Hildebrand sollte die Nationalökonomie allerdings nicht auf die statistische Erforschung dieser Grundlagen beschränkt bleiben; gerade die Erkenntnis jener Entwicklungstendenzen und Gesetzmäßigkeiten verpflichteten sie, zur Lösung der hieraus erwachsenden Aufgaben beizutragen. Und es ist nur folgerichtig, wenn er auch hier „überall, wo man staatswirtschaftliche Institutionen auf solider Basis errichten und nicht in's Unbestimmte experimentieren will"(34), statistische Erhebungen als unumgänglich notwendig hervorhebt.

31) B. Hildebrand: Die wissenschaftliche Aufgabe der Statistik (in: ‚Jahrbücher' Bd 6, 1866, S. 1 ff.), S. 3.
32) (B. Hildebrand:) Das statistische Bureau vereinigter thüringischer Staaten in Jena (in: ‚Jahrbücher' Bd 3, 1864, S. 71 ff.), S. 73.
33) B. Hildebrand: Die wissenschaftliche Aufgabe der Statistik, a.a.O. S. 9.
34) B. Hildebrand: Die statistische Aufgabe der landwirtschaftlichen Vereine (in: ‚Jahrbücher' Bd 1, S. 478 ff.), S. 481.

Diese Gedanken waren zeitgemäß. Der seit der Zollvereins-Bildung einsetzende wirtschaftliche Aufschwung, dann vor allem auch die politische Bewegung der vierziger Jahre hatten zu einem wachsenden Verlangen nach umfassenderer Aufklärung über die öffentlichen Zustände geführt – ein Wunsch, dem Hildebrand selbst auf einer der ersten Sitzungen der Nationalversammlung in Frankfurt mit der Forderung nach einem für ganz Deutschland zuständigen statistischen Nationalbüro weithin sichtbaren Ausdruck gegeben hatte (35). Und wenn dieser Wunsch für lange Zeit auch unerfüllt geblieben ist, so entstanden seit der Mitte des Jahrhunderts doch immerhin in den Einzelstaaten in wachsender Zahl statistische Ämter, die dem erwähnten Bedürfnis wenigstens in begrenztem Umfang genügen konnten.

An dieser Entwicklung ist Hildebrand wiederum in mehrfacher Hinsicht beteiligt gewesen. Schon in seiner Marburger Zeit hatte er sich um die Gründung eines statistischen Büros für Kurhessen bemüht (36), war hiermit jedoch, bedingt durch die politische Entwicklung nach 1848, nicht zum Erfolg gekommen. In der Zeit seines Exils hatte er dann in Bern die erste statistische Behörde auf kantonaler Ebene ins Leben gerufen (37). Nicht zuletzt diese Leistungen waren es schließlich gewesen, die seinen Ruf nach Jena veranlaßten. Hier legte er schon wenige Monate nach seiner Ankunft, im Dezember 1861, in einem Gutachten an das zuständige weimarische Ministerium seine Ansichten über die Organisation eines statistischen Instituts nieder, und mit dem 1. Juli 1864 nahm das von ihm geleitete ‚Statistische Bureau vereinigter thüringischer Staaten‘ seine Wirksamkeit auf (38) – gerade rechtzeitig genug, um noch die Vorbereitungen für die Volks- und Gewerbezählung vom 3. Dezember 1864 treffen zu können (39). Wenig mehr als ein Jahr später, im Wintersemester 1865/66, konnte Hildebrand dann auch den ersten Kurs eines der Universität angeschlossenen ‚statistischen Seminars‘ durchführen (40).

35) (J.) Fallati: Stand der administrativen Statistik in Deutschland im Jahre 1848–49 (in: Zeitschrift für die gesamte Staatswissenschaft, Bd 6, Tübingen 1850, S. 727 ff.), S. 728.
36) Vgl. J. Fallati, a.a.O. S. 772 f.
37) Ein Hinweis hierauf findet sich in: Report of the Proceedings of the Fourth Session of the International Statistical Congress (London 1860), London 1861, S. 34.
38) Vgl. hierzu im einzelnen: (B. Hildebrand:) Das statistische Bureau . . . , a.a.O. (s.o. S. 19, Anm. 32).
39) Vgl. (B. Hildebrand:) Die früheren Volkszählungen und die Volkszählung vom 3. Dezember 1864 in Thüringen (in: ‚Jahrbücher‘, Bd 3, 1864, S. 366 ff.).
40) Vgl. hierzu (B. Hildebrand:) Das statistische Seminar in Jena (in: ‚Jahrbücher‘, Bd 6, 1866, S. 77 f.).

Mit diesen beiden Institutionen verwirklichte Hildebrand einen Gedanken, der über die rein amtliche Tätigkeit des Büros hinausging und der einen durchaus eigenständigen Beitrag zu der angedeuteten Diskussion über den Ausbau der ‚administrativen Statistik' in Deutschland darstellte. Im Verhältnis zwischen Staatsgewalt und (wissenschaftlich betriebener) Statistik sah er insofern ein enges Wechselverhältnis, als einerseits „die Statistik bei ihren Erhebungen meist an die Hilfe des Staates gebunden, . . . umgekehrt die Statistik dem Staate unentbehrlich (ist)"(41). Entsprechend sah er neben der Bedeutung, die die Statistik für die Forschung hatte, für diese umgekehrt eine hieraus erwachsende Verpflichtung zur Ausbildung der in die statistischen Behörden eintretenden Beamten. Mit diesem Gedanken schloß sich der Kreis: die Forschung, selbst auf planmäßige, kunstgerechte Erhebung und Bereitstellung des für sie wissenswerten Materials durch hierzu berufene Behörden angewiesen, übernimmt die Schulung des hierbei tätigen Personals, indem sie die zukünftigen Verwaltungsbeamten zunächst an der Forschung selbst teilnehmen läßt. – Die Zusammenarbeit von Seminar und statistischem Büro bildete damit die Voraussetzung für die Durchführung des Seminars; denn hier wurde – unter Benutzung des durch das Büro erhobenen Materials – ebenso die Technik statistischen Arbeitens vermittelt, wie auch rein statistische sowie statistisch-nationalökonomische Untersuchungen anzufertigen waren. Auch diese Arbeit – die ‚Mitteilungen des statistischen Büros' wie die Seminararbeiten – fand ihren literarischen Niederschlag in den ‚Jahrbüchern'.

c) Unterstützung des Vereins für Sozialpolitik

Wenn Hildebrand die ‚große Aufgabe der Wissenschaft' darin sah, „neue Bedürfnisse zu erkennen und große Reformen vorzubereiten"(42), dann ist er diesem Anspruch mit seinem Eintreten für eine Lösung der ‚Sozialen Frage' seiner Zeit in besonderem Maße gerecht geworden. Wie fern nicht zuletzt die Vertreter der Wissenschaft der Sozialen Frage bis in die sechziger Jahre noch standen, zeigt ein Blick in die beiden maßgeblichen Zeitschriften: „In Rau's ‚Archiv der politischen Ökonomie', das von 1835–1853 erschien,

41) B. Hildebrand: Die wissenschaftliche Aufgabe der Statistik, a.a.O. S. 5.
42) (B. Hildebrand: Besprechung von G. Schmollers) Zur Geschichte der deutschen Kleingewerbe im 19. Jahrhundert (in: ‚Jahrbücher' Bd 13, 1869, S. 405 ff.), S. 406.

findet man nicht eine einzige Abhandlung, welche sich . . . mit sozialistischer Literatur oder mit den von ihr aufgeworfenen Problemen beschäftigt . . . ; auch die 1844 begründete Tübinger ‚Zeitschrift für die gesamte Staatswissenschaft' wendet der Sozialen Frage geringe Aufmerksamkeit zu."(43)

Vor diesem Hintergrund schrieb Hildebrand sein frühes Hauptwerk, welches er geradezu programmatisch mit der Bemerkung einleitete, daß „vor allem . . der Pauperismus . . . die große allgemeine Frage immer dringender zur Beantwortung gestellt (hat): welche Sozialreformen die wachsende Kluft zwischen Arm und Reich erfordert und welche Pflichten das Recht des Besitzes auferlegt"(44). Und den entscheidenden Ansatz zur Beantwortung dieser Frage gab er dann selbst, indem er – nach eingehender Kritik – als eine der ‚tiefen Wahrheiten' der sozialen Wirtschaftstheorien den Gedanken (Proudhons) herausstellte, „daß jede ökonomische Institution, jede Form, in welcher sich das wirtschaftliche Völkerleben entfaltet, nur eine relative Berechtigung hat" – mit anderen Worten: historisch bedingt ist, und folglich „niemals losgetrennt von den geschichtlichen Zuständen bloß nach rationellen Gründen gemessen werden kann"(45). Eine Lösung der Sozialen Frage konnte sich demnach – und hier stand Hildebrand wieder in entschiedenem Gegensatz zur herrschenden Freihandelslehre – allein auf der Grundlage einer gewissenhaften Durchforschung der tatsächlich herrschenden wirtschaftlichen und sozialen Verhältnisse vollziehen.

Es ist fast ein Vierteljahrhundert vergangen, bis Hildebrand mit einer jüngeren Generation Gleichgesinnter in dem 1872 gegründeten ‚Verein für Socialpolitik' eine gemeinsame Diskussionsbasis schuf „für die Reform unserer sozialen Verhältnisse, allgemeinere Zustimmung . . . für Gedanken, die da und dort längst vorhanden, doch in der öffentlichen Meinung noch längst nicht zur Herrschaft gelangt sind"(46). Ganz im Sinne der von Hildebrand „auf dem Gebiete der Nationalökonomie . . . (geforderten) historischen Richtung und Methode"(47) machten die ‚Kathedersozialisten' es sich zur Aufgabe, durch sorgfältige Erhebungen und Gutachten über die tatsächlich

43) E. v. Philippovich, a.a.O. S. 3 f.
44) B. Hildebrand: ‚Nationalökonomie', a.a.O. S. 2.
45) B. Hildebrand: ‚Nationalökonomie', a.a.O. S. 264 f.
46) G. Schmoller: (Eröffnungsrede auf der ersten Versammlung des Vereins in Eisenach am 6.10.1872) (in: ‚Jahrbücher', Bd 20, S. 6 ff.), S. 6.
47) B. Hildebrand: ‚Nationalökonomie', a.a.O. S. XXIV.

bestehenden Verhältnisse zunächst einmal das Material bereitzustellen, das zu einer realistischen Einschätzung der Probleme dienen konnte, über dieses Material im Verein für Sozialpolitik zu diskutieren sowie das Material selbst und die Diskussionsprotokolle zu veröffentlichen und auf diese Weise zu einer vorurteilsfreien Entscheidung der drängenden sozialpolitischen Forderungen der Zeit beizutragen.

An der Gründung dieses Vereins ist Hildebrand aktiv beteiligt gewesen (48), hielt sich in den weiteren Versammlungen dann allerdings deutlich zurück (49). Umso wichtiger war die mittelbare Förderung, die er einzelnen Mitgliedern und damit der Sache des Vereins selbst dadurch gegeben hat, daß er deren Referate und einige im Auftrage des Vereins erstattete Gutachten in seinen Jahrbüchern veröffentlichte.

## II Die Entwicklung der ‚Jahrbücher' bis 1877

### *1. Die Konkurrenz-Situation: Nationalökonomisches Zeitschriftenwesen um 1863*

Zu Beginn der sechziger Jahre des vorigen Jahrhunderts gab es eine wissenschaftliche Zeitschrift für das Fach Nationalökonomie nicht. Das 1835 von Rau gegründete ‚Archiv der politischen Ökonomie und Polizeiwissenschaft' war 1853 mit der ‚von den Mitgliedern der staatswirtschaftlichen Fakultät in Tübingen' herausgegebenen ‚Zeitschrift für die gesamte Staatswissenschaft' verschmolzen worden, „so daß es jetzt ein Jahrzehnt lang gar keine besondere Fachzeitschrift ökonomischen Inhalts gab"(50). Freilich zeigten sich – wenn man von einer Fülle von in der Hauptsache *praktischen* Zwecken dienender, branchenspezifischer Fachjournale absieht (51) – seit der Mitte

48) Vgl. E. Conrad: Der Verein für Sozialpolitik . . . , Jena 1906, S. 56 ff.
49) Dies berichtet J. v. Eckardt in seinen Lebenserinnerungen, Bd 1, Leipzig 1910, S. 275.
50) G. Cohn, a.a.O. S. 168.
51) Vgl. etwa die Zeitschriftenbestände der Hamburger Commerzbibliothek (Katalog der Commerz-Bibliothek in Hamburg. 1864. Hamburg 1864) oder der 1863 vereinigten Bibliotheken des preußischen Landwirtschafts-Ministeriums und des Königl. Landes-Ökonomie-Kollegiums (Katalog der Bibliothek des Königlichen Ministeriums für die landwirtschaftlichen Angelegenheiten. Berlin 1863); eine Auswahl gibt auch J. Kirchner (Das deutsche Zeitschriftenwesen. Seine Geschichte und seine Probleme. Teil 2, Wiesbaden 1962, S. 105 ff. und S. 182 ff.), der allerdings die land- und forstwirtschaftlichen Journale allzu einseitig hervorhebt.

des Jahrhunderts mehrere Ansätze zu einer Fortbildung auch des *wissenschaftlich* ausgerichteten nationalökonomischen Zeitschriftenwesens.

Auf das seit den dreißiger Jahren des 19. Jahrhunderts in den deutschen Staaten wachsende Bedürfnis, sich über die verschiedensten Seiten des öffentlichen Lebens genauere Kenntnisse zu verschaffen, wurde schon hingewiesen. „Dies aber ist keine leichte Aufgabe. Teils ist des Stoffes . . . eine überwältigende Masse. Teils kann es schwierig sein, der Quellen habhaft zu werden. Teils endlich gehört schon viel dazu, auch nur von dem Dasein der sämtlichen kennenswerten Tatsachen Nachricht zu haben und dadurch in den Stand gesetzt zu sein, weiter zu forschen."(52) – Die einzige diesen Anforderungen wenigstens auf einem Teilgebiet genügende Zeitschrift war das 1847 gegründete, vom preußischen Ministerium für Handel, Gewerbe und öffentliche Arbeiten unterstützte ‚*(Preußische) Handelsarchiv*', welches monatlich über die Handelsgesetzgebung fremder Staaten berichtete, daneben ausführliche (von den preußischen Behörden zusammengestellte) Handels- und Gewerbestatistiken enthielt und schließlich Auszüge aus den Jahresberichten der preußischen Handelskammern veröffentlichte. Wie zeitgemäß aber im übrigen Mohls Hinweis war, zeigte der Umstand, daß im gleichen Jahr der erste Band des von dem Statistiker O. Hübner herausgegebenen ‚*Jahrbuchs für Volkswirtschaft und Statistik*' als ein ‚Handbuch' erschien, in welchem der Leser „die *wirtschaftlichen* Verhältnisse Deutschlands und die Resultate der großen *gesellschaftlichen* Einrichtungen und ihrer Prinzipien im Zusammenhang überblicken kann"(53). Daneben führten die in diese Zeit fallenden Gründungen statistischer Ämter zur Herausgabe teilweise amtlichen Zwecken dienender, daneben aber auch höchsten wissenschaftlichen Ansprüchen genügender Jahrbücher und Zeitschriften; als das bedeutendste Ergebnis dieser Bestrebungen sei die seit 1860 erscheinende ‚*Zeitschrift des königl. preußischen Statistischen Bureaus*' genannt.

Auf dem Gebiet der Sozialen Frage waren *tätige* Reformbestrebungen in Deutschland seit der Mitte der vierziger Jahre allein von kirchlichen Kreisen und vor allem von Männern der Praxis ins Leben gerufen worden (54).

52) R. v. Mohl: Die zur Beibringung des staatswissenschaftlichen Stoffes bestimmten Jahresschriften (in: Zeitschrift für die gesamte Staatswissenschaft, Bd 8, Tübingen 1852, S. 211 ff.), S. 212.

53) a.a.O. Bd 1, Leipzig 1852, Vorwort S. III.

54) Vgl. zum folgenden besonders A. Lette: Zur Geschichte der Bildung und Wirksamkeit des Central-Vereins in Preußen für das Wohl der arbeitenden Klassen (in: Der Arbeiterfreund, Bd 1, Berlin 1863, S. 1 ff.).

Einen literarischen Sammelpunkt hatten dabei die vorwiegend von (Arbeitgeber-) Vertretern des Gewerbes ausgehenden Bestrebungen dieser Art in den seit 1848 erscheinenden ,*Mitteilungen des Central-Vereins in Preußen für das Wohl der arbeitenden Klassen*' gefunden, die seit 1858 unter dem neuen Titel *Zeitschrift des Central-Vereins*. . . ' herausgegeben wurden. Diese neue Ausgabe verdient hier deshalb nähere Erwähnung, weil in diesem Jahre in der Teilnahme führender Mitglieder des Central-Vereins an der Gründung des ,Volkswirtschaftlichen Kongresses', zu dem sich die Anhänger der ,Deutschen Freihandelsschule' zusammenschlossen, eine deutliche Hinwendung des Central-Vereins zur Wissenschaft, und zwar eben zu der vom ,Kongreß' auf das entschiedenste vertretenen freihändlerischen Richtung der Volkswirtschaftslehre zum Ausdruck kam. Und da von einigen Vertretern dieser Richtung zunächst nur ein kurzlebiges Organ (55) herausgegeben wurde, kann man die ,Zeitschrift des Central-Vereins . . . ' als die einzige zu Beginn der sechziger Jahre bestehende Zeitschrift bezeichnen, in der die Ansichten der zu diesem Zeitpunkt am weitesten vertretenen Richtung der Volkswirtschaftslehre zum Ausdruck kamen. – Die ,Zeitschrift des Central-Vereins . . . ' erschien seit dem 1. März 1863 unter neuer Redaktion als ,*Der Arbeiterfreund*'. Fast gleichzeitig erschien als nunmehr eigenständige wissenschaftliche Publikation die ,*Vierteljahrschrift für Volkswirtschaft und Culturgeschichte*', herausgegeben von J. Faucher unter Mitwirkung der führenden Angehörigen des ,Volkswirtschaftlichen Kongresses', unter denen ausdrücklich auch der Vorsitzende des ,Central-Vereins' genannt war.

Vor diesem Hintergrund kann man kaum im Zweifel darüber sein, in welche Richtung Hildebrand seine ,*Jahrbücher für Nationalökonomie und Statistik*' abgrenzen wollte, als er im Oktober 1862 im Vorwort zum ersten Heft betonte, sie sollten „weder ein Organ für Mitteilung unverarbeiteter statistischer Materialien werden, noch . . . bestimmten praktischen Parteizwecken dienen"(56).

55) Die ,Volkswirtschaftliche Monatsschrift', im Verein mit bewährten Fachgenossen herausgegeben von E. Pickford (Erlangen 1858–59).
56) ,Jahrbücher' Bd 1, 1863, Vorwort S. 1.

## 2. *Hildebrands Programm für die ‚Jahrbücher'*

„Das hier beginnende Unternehmen soll ein wissenschaftliches sein."(57) – diese Worte stellte Hildebrand an den Anfang seiner ‚Jahrbücher', und er umriß – nach der zitierten Abgrenzung – deren Aufgabe mit der Bestimmung (58),

(1) „auf dem Gebiete der Nationalökonomie und Statistik die Fortschritte wissenschaftlicher Erkenntnis . . . zu begleiten und zu fördern" und zugleich

(2) „alle großen volkswirtschaftlichen Bewegungen und Umgestaltungen . . . in ihrem historischen Zusammenhange und ihrer wissenschaftlichen Berechtigung zu prüfen".

Formal wurden die ‚Jahrbücher' hiermit als ein Organ für zwei Teildisziplinen aus dem weiten Bereich der Staatswissenschaften vorgestellt. Die Tatsache, daß das Rau'sche ‚Archiv der *politischen Ökonomie* . . .' noch 1853 in der ‚Zeitschrift für die gesamte *Staatswissenschaft*' aufgegangen war, hatte deutlich gezeigt, wie zögernd sich die Nationalökonomie als eine selbständige Wissenschaft aus dem umfassenderen Gefüge zu lösen begann. Hildebrands Begründung der ‚Jahrbücher' zeugte gerade in dieser Hinsicht nicht nur von eigenem wissenschaftlichem Selbstbewußtsein, sondern bewies gleichermaßen „auf das erfreulichste die intensiven und extensiven Fortschritte der Nationalökonomie"(59).

So wie Hildebrand selbst neben seiner wissenschaftlichen Arbeit in ungewöhnlichem Umfange praktisch tätig gewesen ist (60), sah er auch als Forscher seine Aufgabe darin, „neue Bedürfnisse zu erkennen und große Reformen vorzubereiten"(61). Diese Auffassung von der Aufgabe der Wissenschaft lag dem zweiten Teil seiner oben zitierten Zielsetzung für die ‚Jahrbücher' zugrunde; und der darin enthaltene Hinweis auf den ‚historischen Zusammenhang' der volkswirtschaftlichen Erscheinungen ließ erkennen, „in welchem Geist das ganze Unternehmen redigiert werden wird"(62).

57) ‚Jahrbücher' Bd 1, 1863, Vorwort S. 1.
58) Ebenda.
59) G. Cohn, a.a.O. S. 168.
60) Vgl. im einzelnen J. Conrad: (Nachruf auf) Bruno Hildebrand, a.a.O. S. IV ff.
61) (B. Hildebrand: Besprechung von G. Schmollers) Zur Geschichte . . . (s.o. S. 21, Anm. 42), S. 406.
62) ‚Jahrbücher' Bd 1, 1863, Vorwort S. 2.

Statt allerdings diesen seinen ‚gegenwärtigen wissenschaftlichen Standpunkt' an dieser Stelle ausführlich zu erläutern, verwies er den Leser auf seine ‚früheren nationalökonomischen Schriften' und seinen die ‚Jahrbücher' einleitenden Aufsatz über ‚Die gegenwärtige Aufgabe der Wissenschaft der Nationalökonomie'.

Damit war das Programm formuliert . Die weiteren Teile des Vorwortes enthielten eine knappe Andeutung zur geplanten äußeren Einteilung der Zeitschrift in ‚vier Abteilungen', denen wir uns im folgenden näher zuwenden werden.

### *3. Einzelheiten zur äußeren Entwicklung der Zeitschrift*

#### a) Die Erscheinungsweise

Die ‚Jahrbücher' sind in ihrem ersten Jahrgang nicht in ihrer endgültigen Form erschienen: statt der seit 1864 veröffentlichten ‚2 Bde. à 6 Hefte. (à 5 Bog.)' kamen 1863 insgesamt nur ‚6 Hefte (à ca. 8 Bog.)'(63) heraus.

Wann genau das erste Heft des ersten Bandes ausgeliefert wurde, ließ sich mit letzter Genauigkeit nicht ermitteln. Das (im ersten Heft enthaltene) Vorwort Hildebrands war mit dem ‚18. October 1862' datiert, und in der Zeitschriftenschau desselben Heftes war (als jüngste Nummer) ‚L'Economiste Belge' vom 8. November 1862 noch berücksichtigt worden. Conrads Bemerkung, das erste Heft sei noch Ende 1862 erschienen (64), könnte also zu Recht bestehen. Eindeutig nachweisbar ist hingegen, daß das erste Heft unter den bis Ende März 1863 eingegangenen Erwerbungen – und das hieß, früher als Fauchers ‚Vierteljahrschrift . . . ' und Brämers ‚Arbeiterfreund' – in der Neuerwerbungsliste der Bibliothek des ‚Central-Vereins in Preußen . . . ' angezeigt wurde (65).

Daß Hildebrand diesen ersten Jahrgang jedenfalls für 1863 vorgesehen hat, geht schon aus der für den Buchhandel bestimmten Anzeige und aus dem Erscheinungsvermerk auf dem Titelblatt des ersten Bandes hervor, läßt

63) Vgl. die Anzeige im Allgemeinen Bücher-Lexicon von Heinsius, Bd 14, Leipzig 1869.
64) J. Conrad: (Nachruf auf) Bruno Hildebrand, a.a.O. S. VII.
65) Vgl. das ‚Verzeichnis . . . (der Bibliothek des Central-Vereins)' in: Der Arbeiterfreund, Bd 1, Berlin 1863, S. 128.

# JAHRBÜCHER

FÜR

# NATIONALÖKONOMIE UND STATISTIK.

HERAUSGEGEBEN

VON

**BRUNO HILDEBRAND,**

DOCTOR DER RECHTE UND DER PHILOSOPHIE, PROFESSOR DER STAATSWISSENSCHAFTEN UND DIRECTOR DES STATISTISCHEN BUREAU'S VEREINIGTER THÜRINGISCHER STAATEN ZU JENA.

**VIERTER JAHRGANG IN ZWÖLF HEFTEN.**

**I. BAND.**

**FÜNFTES HEFT.**

JENA,
DRUCK UND VERLAG VON FRIEDRICH MAUKE.
1866.

*Heftumschlag zu Band 6 (= 4. Jahrgang I. Band.) Fünftes Heft. Juni 1866.*

sich darüber hinaus aber auch mit einiger Sicherheit aus der Erscheinungsweise der weiteren Hefte dieses Jahrgangs schließen. Die in diesen Heften verwerteten jeweils jüngsten Nummern der Zeitschriftenschau lassen nämlich erkennen, daß die Hefte 2 bis 6 von Anfang März an im Abstand von ungefähr jeweils zwei Monaten, demnach bis Anfang November 1863 herauskamen. – Das erste Heft des zweiten Jahrgangs (1864) wurde schon im Dezember 1863 ausgeliefert (66).

Auch die Frage, ob Hildebrand ursprünglich ein Zweimonatsheft herausbringen wollte und sich erst im Laufe des ersten Jahres für den – auf das Jahr gerechnet – erweiterten Umfang von monatlich erscheinenden Heften entschied, oder ob dieser erste, 1863 veröffentlichte Jahrgang mehr den Charakter eines Einführungs- oder Versuchsobjekts haben sollte, kann zuverlässig nicht beantwortet werden. Der Plural im Titel – ‚Jahr*bücher*' – weist, wenn er das Erscheinen von *zwei* Bänden im Jahr ankündigen soll, in die letzte Richtung, und auch die Preisgestaltung, über die im folgenden zu sprechen sein wird, spricht für die Absicht eines ‚Einführungsangebots'.

Eine Zeitschrift mit *monatlicher* Erscheinungsweise sind die ‚Jahrbücher' freilich auch in der Folgezeit in Wirklichkeit nicht geworden. Schon 1864 machte Hildebrand gleich dreimal von der Möglichkeit Gebrauch, Doppelhefte erscheinen zu lassen, so daß im Durchschnitt nicht alle vier, sondern nur alle *5,7* Wochen ein Heft (oder Doppelheft) erschien. In den Jahren 1865–1868 finden sich durchgehend nur noch acht Erscheinungstermine im Jahr, im Durchschnitt also im Abstand von *6,5* Wochen; 1869–1874 schließlich sind es sieben Erscheinungstermine mit durchschnittlichen Abständen von *7,5* Wochen. Hiermit war der Zustand des Jahres 1863, was die Zahl der jährlichen Erscheinungen angeht, de facto fast wieder erreicht. 1875–1877 sind dann wieder acht Doppel- bzw. Einzelhefte im Jahr ausgegeben worden.

In der Hauptsache lag hierbei ohne Zweifel die Absicht zugrunde, die Arbeitsbelastung, die ein streng eingehaltener monatlicher Ablieferungstermin für den Herausgeber bedeutet, zu vermindern; dagegen ist der Grundsatz, längere Abhandlungen ungeteilt erscheinen zu lassen, nie das Motiv für diese Zusammenfassungen gewesen – Hildebrand hat solche Aufsätze mehrfach auf mehrere Hefte aufgeteilt. – Dem Verleger konnte diese Entwick-

66) Vgl. die entsprechende Anzeige der Bibliothek des Central-Vereins in Preußen .... (in: Der Arbeiterfreund, Bd 1, Berlin 1863, S. 473).

lung – wegen der Einschränkung der Bindearbeiten und der gesamten Versandabwicklung – aus Kostengründen nur angenehm sein. Darüber hinaus schließlich ließen sich auf diesem Wege der Zusammenfassung zu Doppel- oder gar Dreifachheften Verzögerungen in der redaktionellen Zusammenstellung (beim Herausgeber) wie in Herstellung und Versand (beim Verleger) überdecken. Unregelmäßigkeiten dieser Art dürften bei den Abnehmern freilich eher ungünstig aufgenommen worden sein; die hierin begründete Kritik mußte in erster Linie den Herausgeber treffen, der letztlich die Gesamtverantwortung auch für diese Äußerlichkeiten trug.

## b) Preis und Umfang

Der erste Band der ‚Jahrbücher' ist vergleichsweise billig gewesen. Vergleicht man nämlich den Preis von 1863 mit dem anderer Zeitschriften nationalökonomischen Inhalts, dann zeigt sich folgendes Bild: Es betrug das Jahresabonnement und der Preis je Bogen (67) für

(1) Zeitschrift f.d.ges. Staatswissenschaft (1844 ff.)
(2) Vierteljahrschrift für Volkswirtschaft und Culturgeschichte (1863 ff.)
(3) Der Arbeiterfreund (1863 ff.)
(4) Jahrbücher für Nationalökonomie und Statistik (1863 ff.)

im Jahre 1863

| | Jahresabon. Thlr, Sgr. | Umfang im Jahr Bogen | (= $\phi$) | Preis je Bogen $\phi$ Sgr. |
|---|---|---|---|---|
| (1) | 4,20 | 40–48 | (44) | 3,182 |
| (2) | 5,10 | 56–72 | (64) | 2,500 |
| (3) | 2,00 | 24–32 | (28) | 2,143 |
| (4) nur 1863! | 3,00 | ca. 48 | (48) | 1,875 |

Da Hildebrands Verleger Mauke auf dem Gebiet des Zeitschriftenverlags Erfahrung hatte – er verlegte seit 1856 die von R. v. Ihering herausgegebenen ‚Jahrbücher für die Dogmatik des heutigen römischen Privatrechts' –, kann man nicht unterstellen, daß er im Falle der Hildebrandschen Jahrbücher falsch kalkuliert hatte. Gerade der Vergleich mit den Preisen konkurrierender Journale und mit der weiteren Entwicklung des Preises der ‚Jahrbücher' selbst legt vielmehr die Vermutung nahe, daß Herausgeber und Verleger den Absatz des ersten Jahrgangs durch ein besonders preisgünstiges ‚Einführungs-Angebot' sicherzustellen suchten. Dieser Versuch wird nicht

67) Die folgenden Angaben ermittelt nach den Anzeigen bei Heinsius, a.a.O. passim.

zuletzt auch durch die vergleichsweise hohe Auflage (68) und durch den Umstand begründet gewesen sein, daß Hildebrand, gerade erst seit gut einem Jahr wieder in Deutschland tätig, nicht von vornherein von einer fest einzuplanenden Zahl von Abnehmern ausgehen konnte. Faucher durfte demgegenüber mit seiner ,Vierteljahrschrift . . . ' zumindest auf die Mitglieder des ,Volkswirtschaftlichen Kongresses', im weiteren dann überhaupt auf die Anhängerschaft der ,Freihandelsschule' besonders unter Politikern und Publizisten rechnen. Brämer, der Herausgeber des ,Arbeiterfreund', übernahm die Abonnenten der ,Zeitschrift des Central-Vereins . . . ' und konnte sich damit seinerseits auf eine feststehende Zahl von Käufern bzw. Lesern einstellen; dazu kam, daß der für diesen Abnehmerkreis bestimmte Teil der Auflage auch dadurch abgesichert war, daß die Mitglieder des ,Central-Vereins . . . ' die Zeitschrift gegen ihren Jahresbeitrag unentgeltlich erhielten, während zur weiteren Absatzförderung „Für die übrigen Abnehmer . . . der Preis auf zwei Taler jährlich herabgesetzt (wurde), um eine größere Verbreitung zu ermöglichen"(69). – „Der rühmlichst bekannte Privatstatistiker Herr Dr. Otto Hübner" ließ, um ein weiteres Beispiel für die Absatzförderung zu nennen, die konkurrierende Zeitschriften erfuhren, im September desselben Jahres dem in Berlin tagenden Internationalen statistischen Kongreß „70 Exemplare des VIII. Bandes seines ,Jahrbuchs für Statistik und Volkswirtschaft' überreichen mit der Bestimmung, daß diese vorzugsweise unter die nichtpreußischen Mitglieder . . . verteilt werden möchten"(70).

Daß der Preis von 3 Talern wirklich nur der Einführung der neuen Zeitschrift hatte dienen sollen, zeigte sich bereits beim folgenden Jahrgang, für den der Preis auf 5 Tlr 10 Sgr angehoben wurde. Das volle Ausmaß dieser Steigerung konnte nur dadurch etwas verdeckt werden, daß gleichzeitig auch der Umfang vermehrt wurde: Statt der sechs Hefte (zu acht Bogen) wurden nun (in zwei Jahresbänden) zwölf Hefte (zu fünf Bogen), zusammen also sechzig Bogen, angeboten. Bezieht man freilich den neuen Preis wieder auf einen Bogen, dann zeigt sich, daß die Ausdehnung des Umfangs und die Preissteigerung keineswegs einander entsprachen: während die Bogenzahl gegenüber 1863 um genau *25 %* anstieg, wurde der Preis um *42,2 %* angehoben.

68) Nach J. Kirchner (a.a.O. S. 182) betrug diese „bereits um die Mitte des 19. Jahrhunderts" (? ) 1000 Stück.
69) Der Arbeiterfreund, Bd 1, Berlin 1863, Vorwort S. III.
70) Die fünfte Sitzung des Internationalen Statistischen Congresses in Berlin vom 4. bis 12. Sept. 1863. Bd 2, Berlin 1865, S. 455.

Damit lagen die ‚Jahrbücher' mit ihrem Preis bereits 1864 an der Spitze der im Vorjahr neu gegründeten Zeitschriften, was allerdings damit zu rechtfertigen war, daß hier zwölf Monatshefte statt der vierteljährlichen Auslieferung in den beiden anderen Fällen angeboten wurden. – Der nunmehr geltende Preis von 5 Tlr 10 Sgr ist bis 1875, als die ‚Jahrbücher' an den Verleger H. Dufft übergingen, unverändert geblieben, und wenn eine jährlich zwölfmalige Erscheinungsweise auch nicht eingehalten wurde, konnte diese Preisstabilität – die bis 1875 übrigens auch die Verleger der anderen hier genannten Zeitschriften eingehalten haben – vom Standpunkt der Abonnenten doch begrüßt werden.

Bei genauerem Hinsehen zeigt sich allerdings, daß diese Stabilität nur nominell bestand, die ‚Jahrbücher' in Wirklichkeit aber laufend teurer geworden sind. Während nämlich zu dem genannten Preis durchweg zweimal im Jahr sechs Hefte à 5 Bogen angeboten wurden, ist der tatsächlich gelieferte Umfang bis 1875, als Mauke sein Geschäft aufgeben mußte, fortlaufend gesunken, so daß der für einen Bogen zu zahlende Preis real entsprechend anstieg. Die folgende Zusammenstellung mag dies deutlich machen: Es betrugen

(1) die Zahl der (laut Liste) zu liefernden bzw. der tatsächlich gelieferten Seiten;
(2) die Zahl der (laut Liste) zu liefernden bzw. der tatsächlich gelieferten Bogen (ermittelt nach der Seitenzahl der einzelnen Bände);
(3) der Preis je Bogen (bei Zugrundelegung des jeweils – laut Liste – geltenden Jahrespreises)

| | (1) | | (2) | | (3) | |
|---|---|---|---|---|---|---|
| | Seiten | (= rel.) | Bogen | (= rel.) | Sgr/Bg | (= rel.) |
| **lt Liste** | | | | | | |
| 1864 ff. | 960 | (= 100,0) | 60 | (= 100) | 2,667 | (= 100,0) |
| **de facto** | | | | | | |
| ⌀ 1864/68 | 926 | (= 96,5) | 58 | (= 96) | 2,759 | (= 103,4) |
| ⌀ 1869/72 | 889 | (= 92,6) | 56 | (= 92) | 2,857 | (= 107,1) |
| ⌀ 1873/75 | 792 | (= 82,5) | 50 | (= 80) | 3,200 | (= 120,0) |
| **lt Liste** | | | | | | |
| 1876 ff. | 864 | (= 90,0) | 54 | (= 88) | 3,704 | (= 138,9) |
| **de facto** | | | | | | |
| ⌀ 1876/77 | 761 | (= 79,3) | 49 | (= 78) | 4,082 | (= 153,1) |

Diese Rechnung ließe sich, wenn man bei der Preisberechnung statt der Bogenzahlen die tatsächlich gelieferten Seiten zugrundelegte, noch etwas präzisieren; das Ergebnis, auf das es hier ankommt, würde sich dadurch aber nur unwesentlich verschieben, daß nämlich die ‚Jahrbücher' in den ersten zwölf Jahren ihres Bestehens real um etwa 20 % teurer geworden sind oder, umgekehrt betrachtet, daß die Abnehmer 1875 (mengenmäßig) nur vier Fünftel des zugesagten Umfangs erhielten.

Maukes Nachfolger beim Verlag der ‚Jahrbücher', H. Dufft, hat diese Entwicklung während seiner nur zwei Jahre dauernden Tätigkeit nicht aufhalten können. Obwohl er den Preis um 25 % auf 20 Mark p.a. erhöhte und den Umfang auf ‚4–5 Bogen je Heft' (d.h. auf durchschnittlich 54 statt 60 Bogen im Jahr) verminderte, hat er während der beiden folgenden Jahre im Durchschnitt nur 49 Bogen ausgeliefert, womit der durchschnittliche Bogenpreis auf 4,082 Sgr anstieg und damit den listenmäßigen Bogenpreis von 1864 um mehr als 50 % überragte.

Auf die Ursachen dieser Verschiebung kann hier im einzelnen nicht eingegangen werden; sicher erscheint nur, daß die Verantwortung hierfür bei Herausgeber *und* Verleger lag. Zum einen nämlich hatte J. Conrad, seit 1872 Mitherausgeber, Hildebrand vorgeschlagen, den Umfang der ‚Jahrbücher' ‚etwas einzuschränken', „womit dem Buchhändler (gemeint ist der ‚Verlagsbuchhändler' Mauke; d. Verf.) bei dem geringen Absatz sehr gedient war, und uns die Ausfüllung der Bände sehr erleichtert wurde"(71); demnach waren sich die Herausgeber darüber klar, daß hier über eine versteckte Preiserhöhung der durch beträchtliche Restbestände entstandene (Lager- und Zins-) Kostendruck vermindert werden sollte. Auf der anderen Seite kann man darauf hinweisen, daß eine entsprechende Entwicklung bei der im Grunde bedeutendsten ‚Konkurrentin', der von der Lauppschen Buchhandlung in Tübingen verlegten ‚Zeitschrift für die gesamte Staatswissenschaft', nicht eingetreten ist. Eine Ursache hierfür könnte darin liegen, daß hier Kostensteigerungen, die auch die Zeitschrift betrafen, dank eines umfangreichen weiteren staatswissenschaftlichen Verlagsprogramms aufgefangen werden konnten. Damit ist aber bereits ein Gesichtspunkt angedeutet, der die Frage nach dem Verlag unserer ‚Jahrbücher' stellen läßt.

71) J. Conrad: Lebenserinnerungen. Naumburg 1917, S. 120.

### c) Der Verlag

„Jena. Druck und Verlag von Friedrich Mauke." – so lautete in den Jahren 1863–1875 der Erscheinungsvermerk auf dem Titelblatt der ‚Jahrbücher'. Dabei war es keineswegs selbstverständlich gewesen, daß eine nationalökonomische Fachzeitschrift, wenn schon in Jena, dann gerade in der ‚Verlagsbuchhandlung von Friedrich Mauke' herauskam; Lütges Vermutung, daß „die örtlichen Beziehungen . . . Bruno Hildebrand zu der Wahl dieses Verlegers bewogen haben (werden)"(72), ist jedenfalls durchaus nicht schlüssig – im Gegenteil: ‚örtliche Beziehungen' konnten ebenso gut für wenigstens einen anderen Jenaer Verleger sprechen, gleichviel, ob man hierbei eher der fachlichen Ausrichtung der am Ort ansässigen Verlage oder dem subjektiven Element persönlicher Verbindungen das ausschlaggebende Gewicht beilegen will.

Lütge selbst weist darauf hin, daß „von allen Verlegern Jena's . . . Maucke und Frommann seit langem die bedeutendsten gewesen (waren)"(73). Und von diesen hatte der Verlag des zuletzt genannten bis zu Beginn der sechziger Jahre bei der Herausgabe *nationalökonomischer* Literatur im Vordergrund gestanden – soweit das in Jena überhaupt in Betracht gekommen war – : Bis 1860 hatte jedenfalls der hierbei in der Hauptsache zu nennende, schon früher erwähnte Direktor der landwirtschaftlichen Lehranstalt, F. G. Schulze, seine (auch) volkswirtschaftlichen Veröffentlichungen durchweg im Frommannschen Verlag erscheinen lassen. Bedingt durch ihre leitende Tätigkeit im ‚Verein für thüringische Geschichte und Altertumskunde', fiel den Frommanns nicht nur die Zeitschrift dieses Vereins, sondern überhaupt die in Jena zur Veröffentlichung kommende *historische* Literatur zu. Daß sich auf diesem Wege wiederum Verbindungen zu anderen Fächern ergaben, mag das Beispiel des seit 1842 in Jena Staats- und Völkerrecht lehrenden, aus Kiel stammenden Historikers Michelsen zeigen, der ebenfalls in dem erwähnten Verein an hervorragender Stelle tätig war (74): Michelsen war seit 1851 Mitdirektor des Jenaer *staatswissenschaftlichen* Seminars, und es versteht sich fast von selbst, daß auch er, was er in Jena publizierte, bei Frommann zum Verlag gab. Nach alledem kann es nicht überraschen, daß

72) F. Lütge: Das Verlagshaus Gustav Fischer in Jena. (Jena) 1928, S. 100; Lütge wählt i.d.R. die Schreibart ‚Maucke', in den ‚Jahrbüchern' findet sich immer nur ‚Mauke'.
73) F. Lütge, a.a.O. S. 92.
74) Vgl. hierzu Geschichte der Universität Jena 1548/58–1958, a.a.O. S. 444 f.

Hildebrand seine erste dort veröffentlichte Schrift – ‚De antiquissimae agri Romani distributionis fide' – 1862 ebenfalls bei Eduard Frommann erscheinen ließ.

Umso mehr müssen wir uns fragen, was ihn dazu bewogen haben mag, die ‚Jahrbücher' an O. H. Mauke, den derzeitigen Inhaber der ‚Verlagsbuchhandlung von Friedrich Mauke', zu geben. Es war dies ein Verlag, der eine ausgeprägte fachliche Ausrichtung nicht aufwies, und wenn überhaupt bestimmte Schwerpunkte – mehr zufällig offenbar, als planvoll – gebildet worden waren, dann lagen sie auf medizinischem und juristischem Gebiet. Jedenfalls „(gab es) vor der Aufnahme der (Hildebrandschen) Jahrbücher . . . im Mauckeschen Verlag noch kein Werk nationalökonomischen Inhalts, das der Erwähnung Wert gewesen wäre"(75), urteilt Lütge. Aber es ist gerade eine solche, auch den Nationalökonomen in der Tat nur am Rande interessierende Veröffentlichung gewesen, die eine Erklärung zu unserer Frage bieten könnte: 1857 erschien im ‚Verlag von Friedrich Mauke' die bereits an anderer Stelle erwähnte Schrift ‚Über die Errichtung staatswissenschaftlicher Seminarien . . .', deren Autor, G. Fischer, einer der beiden Direktoren des staatswissenschaftlichen Seminars war und dem Hildebrand nach Michelsens Fortgang nun an die Seite trat. Und es ist jedenfalls denkbar, daß auf diesem Wege die Verbindung zwischen Hildebrand und Mauke zustandegekommen ist.

Mit der Vergabe der ‚Jahrbücher' an diesen Verleger scheint für Hildebrand allerdings keine Verpflichtung hinsichtlich weiterer Veröffentlichungen entstanden zu sein. Zwar hätte man erwarten können, daß er namentlich die Veröffentlichungen des statistischen Büros, da diese ohnehin überwiegend in den ‚Jahrbüchern' erschienen, auch bei eigenständiger Veröffentlichung an Mauke gegeben hätte; und in der Tat ist eine im September 1864 als Manuskript gedruckte Denkschrift ‚Über die Organisation der nächsten Volkszählung in Thüringen' noch bei Mauke erschienen (76). Daß dann aber die erste große selbständige Publikation des Büros, der erste Band der ‚Statistik Thüringens', 1866 und 1867 wieder bei Frommann erschien, muß doch überraschen.

75) F. Lütge, a.a.O. S. 100.
76) Vgl. das ‚Verzeichnis der Publikationen des Statistischen Bureaus vereinigter thüringischer Staaten zu Jena seit dessen Gründung am 1. Juli 1864 bis Ende 1868' (in: ‚Jahrbücher', Band 12, 1869, S. 230 f.), S. 230.

Einen gewissen Einfluß kann man hierbei zweifellos einem völlig ungeschäftlichen Ereignis zugestehen: Am 7. April 1866 heiratete Eduard Frommann Sophie Hildebrand, eine der Töchter „des als Lehrer und Gelehrter hervorragenden Professors der Staatswissenschaften an der Universität"(77). Erhebliche Bedeutung dürfte daneben der Umstand gehabt haben, daß Mauke größere geschäftliche Aktivität offenbar nicht entwickelt hat. Eher das Gegenteil war der Fall; denn spätestens seit Beginn der sechziger Jahre zeigte sein Unternehmen im allgemeinen eine deutlich rückläufige Bewegung, die von dem ersten (vergeblichen) Versuch, die Druckerei zu verkaufen (1861), über den Verkauf des größeren Teils des Verlagsgeschäftes an den Leipziger H. Dufft (1866) bis zur Zahlungseinstellung infolge des Konkurses eines Leipziger Hauses (1875) führte (78). Insbesondere hat er auch die Gelegenheit, die der Erwerb der ‚Jahrbücher' ihm durch die Beziehungen zu dessen Mitarbeitern zu einer Ausweitung des für ihn neuen nationalökonomischen Verlagsprogramms bot, in keiner Weise genutzt: bis 1875 hat er, von den Separatdrucken einer Reihe von Aufsätzen aus den ‚Jahrbüchern' abgesehen, nur eine einzige eigenständige Veröffentlichung eines der ständigen Mitarbeiter Hildebrands, H. v. Scheels ‚Theorie der sozialen Frage' (Jena 1871) (79), herausgebracht. Daß Mauke – etwa in Zusammenarbeit mit dem Herausgeber, wie dies der spätere Verleger G. Fischer getan hat – an der redaktionellen Ausgestaltung der ‚Jahrbücher' irgendwie mitgearbeitet hätte, ist nicht überliefert und auch nirgendwo zu erkennen. Sein diesbezüglicher Anteil blieb offenbar darauf beschränkt, von anderen Verlagen mit einschlägigem Programm – so etwa von Laupp in Tübingen, Cotta in Stuttgart, Winter in Heildeberg, Duncker & Humblot in Leipzig und von verschiedenen Berliner Verlagsbuchhandlungen – Anzeigen anzunehmen, die er auf der Rückseite der Heftumschläge, gelegentlich (in den Bänden 9, 10, 15, 17) auch in einem eigens beigehefteten ‚Intelligenzblatt zu Hildebrands Jahrbüchern für Nationalökonomie und Statistik', veröffentlichte.

Der Umstand, daß Mauke die ‚Jahrbücher' auch nach dem Verkauf des größeren Teils seines Verlagsgeschäftes in seinem ‚Rumpf'-Verlag behalten hat, deu-

77) G. Richter: Eduard Frommann (1834–1881). Ein Nachruf (in: Zeitschrift des Vereins f. thür. Geschichte u. Altertumskunde, NF Bd 2, Jena 1882, S. 461 ff.), S. 462.

78) Vgl. hierzu im einzelnen F. Lütge, a.a.O. S. 93 ff. und S. 107 ff.

79) F. Lütge schreibt (a.a.O. S. 117) diese Veröffentlichung ebenso wie den Separatdruck eines Aufsatzes von H. Weibezahn aus den ‚Jahrbüchern' irrtümlich H. Dufft zu.

tet allenfalls darauf hin, daß sie ihm sichere, regelmäßig fließende Einnahmen zu versprechen schienen. Ob die Zeitschrift für ihn ein wirtschaftlicher Erfolg gewesen ist, läßt sich hieraus nicht ablesen. Bis zum Jahre 1872 zeigte er immer wieder ‚complete Exemplare von den früheren Jahrgängen' zum Verkauf an; im Juni 1872 bot er dann die insgesamt bis dahin erschienenen achtzehn Bände zu dem vollen Ladenpreis von 48 Talern an, einzelne Bände dagegen stark herabgesetzt „für den Preis von 1 Thlr anstatt 2 Thlr 20 Sgr"(80). Daß diese Maßnahme einen größeren Einfluß auf den wirtschaftlichen Erfolg der Zeitschrift ausgeübt hat, kann man sich schwer vorstellen. Entscheidend dürfte vielmehr der Umstand geblieben sein, daß die ‚Jahrbücher' nicht im Rahmen eines entsprechenden Verlagsprogramms angeboten wurden, wie dies etwa bei der ‚Tübinger' Zeitschrift der Fall gewesen ist.

Unter H. Dufft, dem Hildebrand die ‚Jahrbücher' nach Maukes Zahlungseinstellung übergab – das erste Heft im ‚Verlag von Hermann Dufft' erschien Mitte Februar 1876 –, haben sich die Verhältnisse nicht wesentlich geändert (81). Duffts Interessen lagen auf anderen Gebieten, dazu war die Zeit für einen planvollen Ausbau dieses Teils seines äußerst vielfältigen Programms nicht gegeben: im November 1877 mußte auch er, bedingt durch falsche Finanzdispositionen, den Konkurs anmelden. Immerhin hat er die Verbindung des Verlags zu Hildebrands Mitarbeiter (seit 1872) und späterem Herausgeber der ‚Jahrbücher', dem inzwischen in Halle lehrenden J. Conrad, dadurch erhalten und festigen können, daß er (im Herbst 1877) die von diesem begründete Schriftenreihe ‚Sammlung nationalökonomischer und statistischer Abhandlungen des staatswissenschaftlichen Seminars zu Halle a/S.' in Verlag nahm.

### 4. *Aufbau und innere Gestaltung*

#### a) Der formale Aufbau

Mit der Aufgliederung der ‚Jahrbücher' in vier Abteilungen (82) hatte Hildebrand sich in formaler Hinsicht von verwandten Zeitschriften nur in einem Punkte entfernt. Rau hatte sein ‚Archiv' regelmäßig in ‚Abhandlungen',

80) Anzeige auf dem Rückumschlag von Heft 4/5 des 18. Bandes, Jena 1872.
81) Vgl. im allgemeinen F. Lütge, a.a.O. S. 116 f.
82) Vgl. ‚Jahrbücher' Bd 1, 1863, Vorwort S. 1 f.

‚Beurteilung neuer Schriften' und ‚Verschiedenes' gegliedert; genau so war Fauchers ‚Vierteljahrschrift' und auch schon die ‚Tübinger Zeitschrift' aufgeteilt, nur daß diese statt der Rezensionen am Schluß jedes Bandes eine zwar auf bloße Titelangaben beschränkte, dafür aber sehr umfangreiche ‚Staatswissenschaftliche Bücherschau' veröffentlichte.

Die ‚Zeitschrift des Central-Vereins in Preußen für das Wohl der arbeitenden Klassen' hatte demgegenüber neben diesen traditionellen Gruppen –

(1) selbständige Abhandlungen
(2) Literaturbesprechungen
(3) kleinere Anzeigen –

als weitere Rubrik

(4) „tatsächliche Mitteilungen von Gesetzen und Verordnungen der Staaten, Gemeinden und öffentlichen Korporationen"(83)

eingeführt, eine Erweiterung, die der Aufgabe der Zeitschrift entsprach, ‚anregend und fördernd für die praktische Ausführung örtlicher Einrichtungen (im Dienste sozialer Selbsthilfe)' zu wirken. Wenn man von der zweckgebundenen Ausrichtung der beiden letzten Gruppen in dieser Zeitschrift absieht, dann könnte deren Gliederung das genaue Vorbild für den Aufbau gewesen sein, den Hildebrand auch für seine Jahrbücher wählte; bis zum Ende seiner Herausgebertätigkeit hat er diese in

(1) Abhandlungen
(2) Nationalökonomische Gesetzgebung
(3) Literatur
(4) Miscellen

aufgeteilt und am Schluß der Hefte, hinter den ‚Miscellen', sachlich aber eher zur dritten Gruppe gehörend, ‚Eingesendete Schriften' angezeigt.

Der Raum, den diese Rubriken beanspruchten, hat während der ganzen Zeit der Hildebrandschen Herausgeberschaft in einem auffallend gleichmäßigen Verhältnis zum Gesamtumfang der Bände gestanden: im Durchschnitt der Jahre 1864–1878 nahmen die Abhandlungen 63,0 %, die zweite Gruppe 6,1 %, die Rezensionen 15,7 % und die Miscellen 13,2 % des gesamten Seitenumfangs ein, die restlichen 2,0 % entfielen auf die Anzeige der übersandten Bücher, Bekanntmachung von Preisaufgaben etc. Diese Relationen verscho-

83) Der Arbeiterfreund, Bd 1, Berlin 1863, Vorwort S. IV.

ben sich spürbar allein in den Jahren 1873–1875, als die zweite Gruppe ihren Anteil auf Kosten der Abhandlungen vorübergehend verdoppelte. Im ganzen zeigt sich aber doch deutlich, daß Hildebrand in der Veröffentlichung selbständiger Untersuchungen seine Hauptaufgabe als Herausgeber erblickt hat.

### b) Die Sonderstellung des ersten Bandes

Bei der Darstellung der ‚äußeren' Entwicklung der ‚Jahrbücher' ist mehrfach auf die Abweichungen hingewiesen worden, durch die ihr erster Band sich deutlich von den folgenden Jahrgängen abhob. Der hieraus entstehende Eindruck einer Sonderstellung dieses ersten Jahrgangs verstärkt sich bei einem Blick auf seine inhaltliche Gestaltung und auf die Mitarbeiter dieses Bandes.

Von den elf hierin enthaltenen Abhandlungen stammten sechs von Jenaer Professoren: drei von Hildebrand selbst, je eine von einem Juristen, einem Mediziner und einem Sprachwissenschaftler, dazu eine von dem in Jena weilenden Sohn Hildebrands; einen weiteren Beitrag schrieb ein im nahen Weimar tätiger Archivar. Von den verbleibenden drei von auswärts kommenden Aufsätzen kann die nur wenige Seiten umfassende Mitteilung des in London tätigen Journalisten D. Born unberücksichtigt bleiben: Born hatte sich über das hier behandelte Thema im Vorjahr auf dem in Weimar tagenden und auch von Hildebrand besuchten Kongreß deutscher Volkswirte geäußert (84) – vermutlich stellte der von Hildebrand nun publizierte Beitrag die schriftliche Fassung jener Äußerung dar. – In den drei anderen Rubriken tritt diese Beschränkung auf am Ort anwesende Mitarbeiter noch stärker hervor: Von den 38 Titeln stammen nicht mehr als vier von auswärtigen Autoren, je einer aus Wien und Zürich, ein weiterer von dem Holländer Vissering (den Hildebrand erst auf dem im September 1863 in Berlin tagenden Internationalen Statistischen Kongreß um die hier veröffentlichte Rezension gebeten haben dürfte), ein vierter schließlich von dem zu dieser Zeit in Hamburger Archiven arbeitenden Roscher-Schüler Laspeyres. Im übrigen handelte es sich in diesen Rubriken um Beiträge von Hildebrand selbst oder von Jenaer Mitarbeitern, vorwiegend überhaupt nur um Mitteilungen von Auszügen aus Zeitungen und Zeitschriften. Von den Beiträgen des Herausgebers gehörten

84) Vgl. Die Verhandlungen des fünften Kongresses deutscher Volkswirte zu Weimar am 8. bis 11. September 1862 (in: Der Arbeiterfreund, Bd 1, Berlin 1863, S. 92 ff.), S. 98.

zwei – ein als Abhandlung veröffentlichter Vortrag vom 1.6.1863 (!) und eine Sammelbesprechung – in ein Gebiet, mit dem Hildebrand sich in diesem Sommer (mehr oder weniger zufällig) deshalb näher befaßte, weil er hierzu einen Bericht an den erwähnten Kongreß in Berlin übernommen hatte.

Wenn man von der Vorstellung ausgeht, daß ein Herausgeber gerade den ersten Band seiner neuen Zeitschrift mit einer Reihe von Beiträgen möglichst namhafter Fachkollegen einzuführen bemüht sein wird, dann muß dieser Befund überraschen. Denn solche Beiträge finden wir hier überhaupt nicht. Ein Aufsatz von Roscher erschien erst in Band 2, im gleichen Band von Schmoller nur eine kurze Buchbesprechung, im dritten Band eine statistische Zusammenstellung v. Hermanns; eine größere Abhandlung von Rodbertus kam erst im Band 4, von Schmoller gar erst im fünften Band; selbst Hildebrands Fachkollege in Jena, G. Fischer, ist erst vom zweiten Band an vertreten gewesen. – Daß Hildebrand sich des hierin liegenden Mangels nicht bewußt gewesen wäre, kann man nicht annehmen. Viel näher liegt die Vermutung, daß äußere Umstände zu einer möglichst raschen Herausgabe dieses ersten Bandes drängten – die Tatsache nämlich, daß Hildebrand bereits auf dem erwähnten Kongreß in Weimar (September 1862) erfahren haben dürfte, daß auch Faucher die Herausgabe einer nationalökonomischen Zeitschrift plante. Diesem Unternehmen galt es, zumal Faucher hinsichtlich der Abnehmerzahl ohnehin im Vorteil war, zuvorzukommen. Die inhaltliche Gestaltung der ersten Hefte der ‚Jahrbücher' wie auch deren zunächst nur zweimonatliche Erscheinungsweise zeigen deutliche Zeichen einer gewissen Eile.

Die besonderen Umstände, unter denen dieser erste Band somit erschien, lassen es gerechtfertigt erscheinen, die weitere Darstellung auf die nachfolgenden Bände zu beschränken.

### c) Die Abhandlungen

In der ersten ‚Abteilung' seiner Jahrbücher wollte Hildebrand ‚selbständige Untersuchungen und Abhandlungen' veröffentlichen, „welche die wissenschaftliche Forschung und Erkenntnis . . . erweitern oder zur Lösung respective Klärung schwebender Fragen und Probleme beitragen"(85). Mit diesen Worten wiederholte er nur das kurz vorher schon für die ‚Jahrbücher'

85) ‚Jahrbücher' Bd 1, 1863, Vorwort S. 1.

insgesamt formulierte Programm; und wenn er zweifellos auch die anderen Rubriken formal und inhaltlich als Beiträge zur wissenschaftlichen Erkenntnis und ‚zur Lösung respective Klärung schwebender Fragen' gewertet wissen wollte, zeigte er mit dieser Wiederholung doch deutlich an, wo das Schwergewicht der ‚Jahrbücher' liegen sollte.

Versucht man nun, um die Frage beantworten zu können, was Hildebrand sich konkret unter wissenschaftlicher Nationalökonomie vorstellte, die Abhandlungen der Jahrgänge 1864–1873 (Bd 2–21) nach ihrem Inhalt aufzuteilen, dann lassen sich mühelos vier Gruppen bilden: unter den insgesamt etwa 130 Abhandlungen dieser Periode finden sich

(1) ca. 30 Untersuchungen über *historische* Themen,
(2) ca. 35 Abhandlungen zur nationalökonomischen *Theorie* (darunter allerdings zehn zur Dogmengeschichte),
(3) ca. 30 Aufsätze *statistischen* Inhalts und
(4) ca. 35 Beiträge, von denen man sagen könnte, daß sie (im Sinne des Programms) dazu bestimmt waren, zur Lösung *‚schwebender' Fragen* beizutragen.

(1) In der ersten Gruppe finden sich zum Teil reine Archivstudien, dabei allein fünf Beiträge der beiden Archivare Kius (Weimar) und Falke (Dresden). Die größere Bedeutung kommt hier allerdings den Untersuchungen Rodbertus' ‚auf dem Gebiete der Nationalökonomie des klassischen Altertums' (insgesamt sechs Titel) sowie Hildebrands eigenen Abhandlungen über Themen der frühneuzeitlichen deutschen Wirtschaftsgeschichte (fünf Titel) zu. „Ehe wir nicht den Weg einer *vergleichenden Physiologie* der auf einander folgenden Entwicklungsstufen des sozialen Lebens einschlagen . . . , werden wir auch nicht tiefer in die Natur des sozialen Lebens, und namentlich des Staatsorganismus, eindringen." – diese Worte, mit denen Rodbertus einen seiner Aufsätze einleitete (86), entsprachen genau der Auffassung Hildebrands von der ‚Notwendigkeit volkswirtschaftlicher Geschichtsforschung', und wenn irgendwo, dann hat diese Auffassung in dieser ersten Gruppe von Abhandlungen in den ‚Jahrbüchern' ihren Ausdruck gefunden.

(2) Die theoretischen Abhandlungen erfüllten in wenigstens zweifacher Hinsicht jene Forderung nach einer historisch ausgerichteten Nationalökonomie und bildeten insofern eine durchaus organische Ergänzung zur ersten Gruppe.

86) ‚Jahrbücher' Bd 8, 1867, S. 386, Anm. 43.

Zum einen bewies nämlich die große Zahl dogmengeschichtlicher Abhandlungen ein beachtliches Interesse für die Geschichte der Wissenschaft selbst. Und auch die rein theoretischen Abhandlungen zeigten eine durchweg historische Betrachtungsweise: Indem hier nämlich – zum Teil von Schülern Hildebrands (v. Scheel, Trunk, Straßburger; insgesamt 7 Titel) – einzelne Teile der an Smith ausgerichteten herrschenden Lehre einer Kritik unterzogen wurden, griffen die Autoren zunächst auf ältere Auffassungen hierüber zurück (hier zeigte sich also wieder der dogmengeschichtliche Aspekt) und versuchten dann, die Sätze der ‚modernen' Wirtschaftslehre anhand ‚statistischer Detaillierung der einzelnen Punkte' zumindest in dem Anspruch allgemeingültiger Gesetzmäßigkeit zu widerlegen (87).

(3) Damit ist in sachlicher Hinsicht bereits der Übergang zur dritten Gruppe, den Abhandlungen statistischen Inhalts, hergestellt, über deren Bedeutung in Hildebrands Auffassung von der Methode nationalökonomischer Forschung bereits gesprochen wurde. Zum Teil finden sich hier Beiträge zur Geschichte und Theorie der Statistik, daneben dann Untersuchungen aus dem Bereich der angewandten Statistik – Abhandlungen zur Medizinal-, Kriminal-, Bevölkerungs- und (von J. Conrad) zur Agrarstatistik – , an dritter Stelle schließlich (in insgesamt zehn Titeln) Veröffentlichungen des vom ‚Statistischen Büro . . . ' erhobenen statistischen Materials, die ausdrücklich als ‚Mitteilungen' dieses Büros gekennzeichnet waren; auf diese letzte Gruppe ist im folgenden noch zurückzukommen.

(4) Die vierte Gruppe der Abhandlungen bestand aus Beiträgen zu ‚schwebenden' Fragen der Wirtschaftspolitik: der Reform des Briefportos, des Währungs- und Bankwesens, vor allem der Sozialpolitik, wie sie im Verein für Sozialpolitik seit 1872 besprochen wurden (insgesamt sechs für den Verein erstellte Gutachten und Referate). Den Rahmen dieser letzten Gruppe bildeten zwei Berichte (1865 und 1873) über die Tätigkeit der deutschen Handels- und Gewerbekammern; beide Berichte waren, was zu dieser Zeit für die ‚Jahrbücher' noch eine Ausnahme war, von Praktikern verfaßt: Kompe war Syndikus der Handelskammer Breslau, Landgraf Sekretär der oberbayrischen Handels- und Gewerbekammer in München.

Betrachten wir die gesamte Abteilung der Abhandlungen unter formalem Aspekt, dann zeigt sich, daß etwa ein Viertel der Beiträge nicht als wissen-

87) Vgl. z.B. H. v. Scheel's Aufsatz über ‚Geschichte und Kritik der Lehre vom Arbeitslohn' (in: ‚Jahrbücher' Bd 9, 1867, S. 280 ff.).

schaftlich-monographische Aufsätze entstanden waren: die Mitteilungen des Statistischen Büros wurden schon genannt, ebenso die Referate und Gutachten für den Verein für Sozialpolitik. Weitere acht Beiträge waren ausdrücklich als ,Vortrag', ,Akademische Festrede' u.ä. bezeichnet. Schließlich sind in diesen Jahren die Dissertationen mehrerer Schüler Hildebrands (v. Scheel, G. Meyer, Kollmann, Trunk, Weibezahn) in den ,Jahrbüchern' veröffentlicht worden. Hierbei fällt auf, daß die nicht von vornherein als monographische Beiträge gedachten Veröffentlichungen in der Hautpsache auf die beiden letzten der oben genannten Gruppen entfallen, während die Dissertationen im wesentlichen über theoretische Themen geschrieben worden waren. Abhandlungen rein monographischen Charakters sind demgegenüber in erster Linie in der ersten, (wirtschafts-)geschichtlichen Gruppe zu finden. Hierin zeigt sich noch einmal das Schwergewicht, das Hildebrand diesen Abhandlungen als dem Kern seiner Forschungstätigkeit beigemessen hat.Und zugleich bestätigt sich hier auch in formaler Hinsicht ein Urteil, zu dem v. Below auf anderem Wege gelangte, daß, bei aller Anerkennung der Leistungen jüngerer Nationalökonomen auf dem Gebiete wirtschaftsgeschichtlicher Monographien, „der Blick sich immer zurückwenden wird zu Hildebrand, der neben Hansen hauptsächlich die neue Arbeitsweise, d.h. die monographische Behandlung, durch Beispiel und Lehre begründet hat"(88).

Das Erscheinen der ersten Gutachten für den Verein für Sozialpolitik im 11. Jahrgang (1873) der ,Jahrbücher' bildete – besonders auch in Hinblick auf das wissenschaftlich begründete Anliegen Hildebrands, zu schwebenden Fragen des sozialen Lebens Stellung zu nehmen – zweifellos einen Höhepunkt, kennzeichnete zugleich aber auch einen Einschnitt in der Entwicklung der Zeitschrift unter Hildebrand. J. Conrad, der seit 1872 als Mitherausgeber aufgenommen worden war, hatte, da Hildebrand ihm größeren Raum zu eigener Entfaltung (vor allem bei der Beschaffung von Beiträgen) offenbar nicht einräumen wollte, unter Hinweis auf Materialmangel selbst zu einer Einschränkung des Umfangs geraten. Und wenn man den zuletzt angedeuteten formalen Aspekt berücksichtigt, dann zeigt sich in den Jahren seit 1874 vor allem ein deutlicher Rückgang der Veröffentlichungen monographischer Abhandlungen im Bereich der Wirtschaftsgeschichte und der Theorie. Das Urteil, das Conrad selbst später über die letzten Jahre der Zeitschrift unter Hildebrand fällte, trifft in dieser Hinsicht jedenfalls zu: „Die Jahrbücher

88) G. v. Below: Zur Würdigung der historischen Schule der Nationalökonomie (in: Zeitschrift für Socialwissenschaft, Jahrg. 7, Berlin 1904, S. 145 ff.), S. 235.

waren damals außerordentlich heruntergekommen, es herrschte ein solcher Manuskriptmangel, daß alles aufgenommen werden mußte, was angeboten wurde, und darunter viel Unzulängliches."(89)

### d) Die Miscellen

Nach der auch in dieser Abteilung deutlich erkennbaren übereilten Zusammenstellung des ersten Bandes war für diese Rubrik auch im zweiten Band eine endgültige Gestalt offenbar noch nicht gefunden – hier findet sich wiederum nur eine Zusammenstellung mehr oder minder zufällig zusammengetragenen Materials. Im dritten Band wurde dann allerdings die Gründung des ‚Statistischen Bureaus vereinigter thüringischer Staaten' bekannt gegeben, für dessen „Arbeiten kleineren Umfangs . . . die Hildebrandschen Jahrbücher . . . als Publikationsorgan dienen (werden)"(90), und die hiermit angekündigten ‚Mitteilungen des statistischen Bureaus . . . ' haben dann in den folgenden Jahren zumindest materiell im Mittelpunkt dieser Abteilung gestanden: insgesamt sind 12 dieser Mitteilungen als Abhandlungen, weitere 39 als ‚Miscellen' erschienen.

Bei den ‚Mitteilungen' handelte es sich um Darstellungen statistischen Materials, das vom Büro auf eigene Initiative oder im Rahmen seiner amtlichen Tätigkeit erhoben worden war. Diese Arbeiten dienten durchweg der Vorbereitung des vom Büro unter Hildebrand in mehreren Lieferungen herausgegebenen amtlichen Quellenwerks ‚Statistik Thüringens' (1866 f., 1871, 1878). Und demnach waren die Miscellen wie die späteren offiziellen Veröffentlichungen „nicht als Privatarbeit (des Direktors) anzusehen, sondern als die Arbeit der gesamten Kräfte des Büros. . . . (Hildebrand) gab an, was und wie gearbeitet werden sollte, er bezeichnete die heranzuziehenden Hilfsmittel, unterwarf das Zusammengestellte . . . dann einer eingehenden Durchsicht, eventuell einer Überarbeitung und Ergänzung. Das Verdienst der übrigen Arbeit wollte er ausdrücklich den Beamten des Bureaus zuerkannt wissen."(91) Entsprechend galten die für die Abfassung jener amtlichen Publikationen aufgestellten Grundsätze auch für die als Miscellen und Abhandlungen veröffentlichten Vorstudien:

89) J. Conrad: Lebenserinnerungen, a.a.O. S. 121.
90) ‚Jahrbücher' Bd 3, 1864, S. 73.
91) Besprechung des 2. Bandes der ‚Statistik Thüringens' (in: ‚Jahrbücher' Bd 31, 1878, S. 41 ff.), S. 41.

(1) „Strengste Objektivität in der Behandlung und Darstellung der statistischen Tatsachen und deshalb Vermeidung aller subjektiven Schlüsse *aus* den Tatsachen.

(2) Keine Mitteilung absoluter Zahlen ohne Hinzufügung der relativen Zahlen, welche sich aus jenen herleiten lassen . . . (und umgekehrt; d. Verf.).

(3) Keine Mitteilung statistischer Tatsachen ohne diejenigen faktischen Erläuterungen, die zu ihrem Verständnis und zur Beurteilung ihrer Zuverlässigkeit und wissenschaftlichen Verwertbarkeit notwendig sind."(92)

In der Mitteilung über die Gründung des statistischen Büros umschrieb Hildebrand dessen Bedeutung mit dem Hinweis, daß „das Statistische Bureau für den Professor der Staatswissenschaften eine ähnliche Aufgabe . . . (habe), wie das Laboratorium für den Lehrer der Chemie"(93). Wenn die Miscellen neben ‚kürzeren Untersuchungen und Mitteilungen' vor allem „nationalökonomische und statistische Tatsachen . . ., die für weitere Forschungen fruchtbar gemacht werden können, in Umlauf setzen (sollten)"(94), dann dürften die aus dem Büro hervorgegangenen Mitteilungen diesem Anspruch und damit zugleich Hildebrands Forderung nach einer statistischen Fundierung der Volkswirtschaftslehre in höchstem Maße entsprochen haben.

Die übrigen als Miscellen veröffentlichten Beiträge verteilten sich gleichmäßig (und nach der Zahl der Titel etwa das Doppelte jener Mitteilungen ausmachend) auf Mitteilungen statistischen und archivalischen Primärmaterials aus anderen Quellen, auf Zeitschriftenauszüge (die eine Ergänzung zur ‚Literatur'-Abteilung bildeten), kürzere Abhandlungen (überwiegend statistischen Inhalts) und schließlich Nachrichten über die Tätigkeit wirtschaftlicher Verbände, wissenschaftlicher Institutionen usw. Bei allem Spezialinteresse, das viele dieser Beiträge verdienen mochten, fehlte hier doch sehr häufig die unmittelbar einleuchtende Begründung für eine Veröffentlichung gerade an dieser Stelle; und damit fielen sie gegen die geschlossene, einheitlich konzipierte Gruppe der Mitteilungen des statistischen Büros deutlich ab.

92) (B. Hildebrand: Selbstanzeige der) Statistik Thüringens, Bd 1 (in: ‚Jahrbücher' Bd 6, 1866, S. 345 ff.), S. 346 f.
93) ‚Jahrbücher' Bd 3, 1864, S. 73.
94) ‚Jahrbücher' Bd 1, 1863, Vorwort S. 2.

## e) Nationalökonomische Gesetzgebung

Das Vorhaben einer „Darstellung und kritischen Übersicht der *bestehenden* Gesetzgebung . . . (und Mitteilung) wichtiger *neuer* Gesetze"(95) beruhte offensichtlich auf dem Gedanken, daß, ebenso wie die statistisch erfaßbaren Äußerungen des wirtschaftlichen und sozialen Lebens, auch dessen ‚gesetzlicher Datenkranz' eine Grundlage nationalökonomischer Forschungsarbeit bilden müßte – dies umso mehr, als die Nationalökonomie zu gegenwärtig schwebenden Fragen Stellung nehmen sollte. Dabei war allerdings eine Antwort auf die Frage, welche Bereiche der Gesetzgebung wegen ihres vorwiegend volkswirtschaftlichen Charakters hier Berücksichtigung finden sollten, kaum im voraus zu bestimmen in einer Zeit, die eine in den deutschen Staaten vorher nicht gekannte Ausdehnung zentraler Gesetzgebungsbefugnisse zunächst im Norddeutschen Bund, wenig später dann im Deutschen Reich erlebte. Immerhin boten sich Hildebrand gerade in Jena ungewöhnlich günstige Voraussetzungen, diesen Bereich, wenn er ihn nicht selbst (wie die Statistik) bearbeiten wollte, durch Mitarbeiter aus der juristischen Fakultät betreuen zu lassen. Die fachlichen Verbindungen dorthin hatten seit je dadurch bestanden, daß (unter anderen) auch Juristen staatswissenschaftliche Vorlesungen hielten; mit Michelsen war 1851 sogar ein Mitglied dieser Fakultät zum Mitdirektor des staatswissenschaftlichen Seminars ernannt worden. Vor allem aber wirkten in Jena zwei ausgewiesene Fachleute für Handelsrecht: F. v. Hahn hatte 1857 die thüringischen Staaten bei den Beratungen für ein deutsches Handelsgesetz vertreten, für das er später einen vorzüglichen Kommentar herausgab; in gleicher Weise war W. Endemann durch Bearbeitungen des Eisenbahn- und Handelsrechts hervorgetreten (96). Beide Forscher galten als Vertreter einer veränderten, die neuen öffentlichen und privatwirtschaftlichen Verhältnisse berücksichtigenden Richtung unter den Jenaer Juristen, und besonders Endemann kann „als Vorläufer der von Jena ausgegangenen . . . Strömung betrachtet werden, welche mit den Worten ‚Recht und Wirtschaft' bezeichnet wird"(97).

Hildebrand hat diese Möglichkeiten zweifellos gesehen und den zuletzt genannten Juristen hat er zunächst auch für eine größere Abhandlung für den ersten Band sowie eine Reihe von Besprechungen, die in den folgenden Bän-

95) Ebenda S. 1.
96) Vgl. hierzu M. Vollert, a.a.O. S. 40 f.
97) Ebenda S. 44.

den erschienen, gewinnen können; v. Hahn hat nur einmal, im 13. Band, eine Besprechung beigesteuert. Zu einer Vertiefung dieser Verbindung ist es allerdings nicht gekommen. Soweit die in die ‚Jahrbücher' aufgenommenen Gesetze nicht bloß kurz eingeleitet, sondern wirklich kritisch besprochen wurden (was bald die Ausnahme war), stammten die Kommentare von Volkswirten, die auch in der Rubrik ‚Literatur' zum engeren Kreis der Mitarbeiter gehörten: v. Scheel, Held, Cohn und Conrad. Immer häufiger wurde freilich nur noch der Gesetzestext veröffentlicht. Sachlich standen dabei drei Komplexe – die Gesetzgebung zur Bank-, Währungs- und Finanzpolitik, zur Gewerbe- und zur Sozialpolitik – im Vordergrund, und hiermit spiegelte diese Rubrik durchaus zutreffend die wirtschaftspolitische Diskussion dieser Jahre.

### f) Die Abteilung ‚Literatur'

Die ‚den beachtenswerten Erscheinungen der nationalökonomischen und statistischen Literatur' gewidmete Rubrik bestand, wenngleich das in den Inhaltsübersichten so deutlich nicht zum Ausdruck kam, aus drei Teilen: einer Übersicht in der Art einer Zeitschriftenschau, einem Verzeichnis ‚eingesendeter Schriften' und dem eigentlichen Rezensionsteil. Der im Vorwort enthaltenen Ankündigung einer ‚gruppenweisen Behandlung' der „sämtlichen neueren Leistungen über eine bestimmte wissenschaftliche Frage unter Anknüpfung an die früheren Bearbeitungen des Gegenstandes"(98) sind alle drei Teile dieser Rubrik nicht entfernt gerecht geworden.

Bis zum Beginn der siebziger Jahre erschienen zumindest mit einer gewissen Regelmäßigkeit, fortan dagegen höchstens nur noch einmal im Jahr – seit 1875 überhaupt nicht mehr – unter der Überschrift ‚Die nationalökonomische Literatur der periodischen Presse' knappe Auszüge aus einigen ausländischen Wirtschaftsjournalen – regelmäßig aus dem Londoner ‚Economist', dem ‚Journal des Economistes', der italienischen ‚Rivista Nazionale' und der ‚New-Yorker Handelszeitung'. Eine sachliche Kontinuität ist in diesen Auszügen nirgends zu finden, die Auswahl erscheint vielmehr unsystematisch und läßt jedenfalls so wenig einen Zusammenhang mit ‚früheren Bearbeitungen' in den ‚Jahrbüchern' erkennen (was im Vorwort doch angekündigt worden war), wie hier der ‚Hauptinhalt der wichtigsten nationalökonomischen Journale Europas' wiedergegeben wurde (wie in der gleichen Ankündigung versprochen).

98) ‚Jahrbücher' Band 1, 1863, Vorwort S. 2.

Daß über die ‚eingesendeten Schriften‘ im Vorwort nichts gesagt wurde, deutet schon darauf hin, daß Hildebrand deren Anzeige ohne jedes Programm, sondern wohl nur aus Gefälligkeit gegenüber den Einsendern vornahm. Folglich wird man hier eine in irgendeiner Hinsicht systematische Auswahl oder gar Vollständigkeit bestimmter Teile der nationalökonomischen oder statistischen Literatur nicht erwarten können. In der Hauptsache wurden statistische Werke und Publikationen statistischer Behörden aufgeführt – ein Hinweis darauf, daß es sich überwiegend um Zusendungen handelte, die Hildebrand als Direktor des statistischen Büros erhalten hatte.

Das Schwergewicht lag in dieser Gruppe damit eindeutig bei den Rezensionen. In den ersten Bänden waren dies wirklich überwiegend Sammelbesprechungen gewesen; ein sachlicher Zusammenhang zwischen diesen und den Themen der Abhandlungen läßt sich freilich nur ein einziges Mal, im ersten Band nämlich, nachweisen, wo Hildebrand selbst über landwirtschaftliche Statistik und landwirtschaftliches Kreditwesen geschrieben hatte und gleichzeitig die ‚neueste Literatur über landwirtschaftliche Kreditfragen‘ besprach. Und nachdem das – ursprünglich als die Regel angekündigte – Prinzip einer ‚gruppenweisen Behandlung‘ schon nach wenigen Jahren zur Ausnahme geworden war, konnte man auch nicht mehr von einer Besprechung der ‚*sämtlichen* neueren Leistungen über eine bestimmte wissenschaftliche Frage‘ sprechen – dies umso weniger, als die Zahl der insgesamt gebrachten (Sammel- und Einzel-)Besprechungen sich seit dem vierten Jahrgang (1866) bei etwa zwanzig je Band hielt. Bei der Auswahl der besprochenen Werke lag das Schwergewicht anfangs deutlich bei der statistischen Literatur, wobei die offenbar dem statistischen Büro zugesandten amtlichen Publikationen im Vordergrund standen. Erst später kamen neben Monographien und Lehrbüchern zur Volkswirtschaftslehre auch Abhandlungen zu wirtschaftspolitischen Problemen, besonders zur sozialpolitischen Auseinandersetzung, hinzu.

Wirklich erwähnenswert ist diese Rubrik allein in Hinblick auf die Mitarbeiter, die Hildebrand für die Besprechungen gewinnen konnte. Es waren dies überwiegend jüngere Professoren – teilweise Schüler Hildebrands, durchweg Anhänger des Vereins für Sozialpolitik, alle auch der historischen Schule der Nationalökonomie zuzurechnen – , die seit dem Ende der sechziger Jahre in der Regel mit wenigstens einer Besprechung in den Bänden der ‚Jahrbücher‘ vertreten waren: am häufigsten H. v. Scheel und J. Conrad, daneben G. Cohn, A. Held, G. Knapp, zeitweise H. Roesler und Hildebrands Assistent im statistischen Büro, P. Kollmann, gelegentlich schließlich L. v. Brentano, A. v. Miaskowski, G. Lastig und E. Nasse. Als Conrad die Herausgabe der ‚Jahrbücher‘

übernahm, hat er sich zum Teil zunächst auf diesen Kreis von Mitarbeitern stützen können.

## g) Die Register

In den Jahren 1863–1877 sind insgesamt drei ‚Register zu den Hildebrandschen Jahrbüchern' erschienen:

- für 1863–1866 am Ende des 7. Bandes,
- für 1863–1872 am Ende des 19. Bandes,
- für 1863–1977 am Ende des 29. Bandes.

Demnach sind die ersten fünfzehn Jahrgänge durchschnittlich alle fünf Jahre durch ein Gesamtregister erschlossen worden.

Diese Register stellten keineswegs eine bloße Kumulierung der Inhaltsübersichten dar, die für jedes Heft (jeweils auf der Rückseite des hinteren Umschlagblattes) und dann nach Abschluß der Bände für diese jeweils insgesamt geliefert wurden. Vielmehr handelte es sich in allen drei Fällen um mehr oder weniger umfassende Aufschließungen, die eigens zu dem vorliegenden Zweck vorgenommen wurden.

Wer die Register angefertigt hat, konnte nicht ermittelt werden; als sicher kann nur gelten, daß die beiden ersten Verzeichnisse von demselben Bearbeiter stammen, daß für das dritte hingegen ein anderer Mitarbeiter herangezogen wurde. Vergleicht man nämlich alle drei Verzeichnisse miteinander, dann zeigt sich schnell, daß das erste unverändert in das zweite Register eingearbeitet worden ist, dieses also dessen bloße, in gleicher Vorgehensweise erarbeitete Fortsetzung war. Auch das 1877 angefertigte Register baute auf dem vorhergehenden auf, zeigte gerade in übernommenen Einzelheiten aber doch so zahlreiche (und durchweg verbessernde) Abänderungen, daß man hier nur einen neuen Bearbeiter annehmen kann: so wurde erst hier eine korrekte aphabetische Ordnung hergestellt, undeutliche oder gar ungenaue Begriffe wurden beseitigt bzw. unter zutreffendere Schlagworte gestellt, undeutliche Angaben wurden präzisiert. In der grundsätzlichen Anlage zeigten sich zwischen allen drei Verzeichnissen hingegen keine entscheidenden Unterschiede, so daß es hier genügt, diese Grundsätze am Beispiel des dritten Registers zu erläutern.

Das Register stellte ein kombiniertes Autoren- und Stichwort- bzw. Schlagwort-Register dar. *Namentlich* erfaßt wurden (1) einerseits alle (mit voll ausgeschriebenem Namen genannten) Verfasser der Abhandlungen, Miscellen, Gesetzeskommentare, (2) zum anderen (soweit genannt) die Autoren, Bearbeiter oder Herausgeber der besprochenen Schriften; die Rezensenten hingegen wurden nur bei den größeren Sammelbesprechungen (die in der Regel unter eigenen Sachtiteln erschienen) berücksichtigt, nicht aber bei Einzelbesprechungen (bei denen die Autorenschaft meist nur durch Initialen angedeutet war). Die in den Sammelbesprechungen rezensierten (auch die dabei namentlich aufgeführten) Schriften sind allerdings nicht mit den Namen der Verfasser in das Register eingegangen, sondern unter einem einschlägigen sachlichen Begriff berücksichtigt worden; und auch bei rezensierten Einzelschriften ist gelegentlich ein Nachweis unter den Namen der Autoren unterblieben (der sachliche Nachweis fehlte in diesen Fällen dann allerdings nie). (3) Zur *sachlichen* Erschließung wählte der Bearbeiter entweder ein im Titel vorgegebenes Stichwort oder, wenn dies nicht ausreichend geeignet erschien, ein treffenderes Schlagwort; nötigenfalls wurde die Schrift unter mehreren Begriffen dieser Art verzeichnet. Die Schlagwörter wurden möglichst eng gewählt, und eine Schrift wurde in Zweifelsfällen eher unter einem entlegenen Stichwort, als unter einem geläufigeren Schlagwort nachgewiesen. In der Regel wurde neben der sachlichen Erschließung auch eine Nachweisung unter einem aus dem Titel hervorgehenden geographischen Begriff vorgenommen. Zumindest in diesen letzten Fällen wurde demnach jeder nicht anonym erschienene Titel wenigstens dreimal nachgewiesen: unter dem Verfassernamen, unter einem sachlichen Ordnungswort und durch regionale Erschließung.

An dieser Stelle ist nun allerdings insofern Kritik zu üben, als diese geographische Erschließung offenbar nicht konsequent durchgeführt worden ist; jedenfalls ist die Zahl der Fälle, in denen ein – schon vom Titel her naheliegender – Nachweis unter dem Orts- oder Regionennamen unterblieb, so groß gewesen, daß man ein versehentliches Unterlassen hier nicht mehr annehmen kann. Als Regel scheint der (freilich ebenfalls nicht ganz lückenlos durchgehaltene) Grundsatz gedient zu haben, einen Nachweis unter einem geographischen Begriff stets dann vorzunehmen, wenn dieser aus dem Titel als *Stich*wort übernommen werden konnte – womit, wenn man so will, die Fiktion eines reinen *Sach*registers aufrechterhalten wird. Zu kritisieren ist weiterhin ein gänzlicher Mangel an Ordnung innerhalb der Registerbegriffe selbst, was in all den Fällen eine rasche Orientierung verhindert, in denen unter einem Begriff zahlreiche Titel nachgewiesen sind – so etwa unter ,National-ökonomie', ,Statistik' oder ,Bevölkerung'; das einzige Ordnungsprinzip war hier eine geographische Untergliederung, und diese reichte bei größeren Begriffen nicht aus, um eine wirkliche Übersicht herzustellen. Daß die Rezensenten nicht nachgewiesen wurden, ist in vielen Fällen bedauerlich, könnte aber, wie gesagt, damit begründet werden, daß die meisten Rezensionen praktisch anonym erschienen.

Freilich bedeuten diese Kritikpunkte nur geringfügige Einschränkungen. Insgesamt stellte zumindest das letzte Register ein ebenso einfach wie umfassend angelegtes Verzeichnis und in jedem Fall ein ausgezeichnetes Hilfsmittel zur Erschließung des Inhalts der ,Jahrbücher' dar.

## III Abschließendes Urteil

„Das hier beginnende Unternehmen soll ein wissenschaftliches sein." Mit diesen Worten hatte Hildebrand seine Jahrbücher eingeleitet und damit ankündigen wollen, daß er mit diesem ,Unternehmen' der Wissenschaft, wie er sie verstand, dienen würde. Daß er sich mit der Zeitschrift ein Verdienst um die nationalökonomische Wissenschaft erworben hat, ist unbestritten; schon Zeitgenossen – Roscher (99), Cohn (100) – haben diese Leistung in hoher Anerkennung hervorgehoben. Zu einer Zeit, als es – nicht zuletzt wegen zu geringer Aussicht auf buchhändlerischen Erfolg – schwierig war, wissenschaftliche Teiluntersuchungen zu veröffentlichen, schuf er in den ,Jahrbüchern' einen ersten Sammelpunkt (101) für Arbeiten, die – im Sinne seiner ,historisch-realistischen' Auffassung von der Nationalökonomie – „durch exakte Erforschung der in der Geschichte und in der Gegenwart wirklich vorhandenen Erfahrung zur Erkenntnis des wahren Wesens des Staates und der menschlichen Gesellschaft vor(zudringen suchten)"(102).

99) Vgl. W. Roscher: Geschichte der National-Ökonomik in Deutschland, München 1874, S. 1038.

100) Vgl. G. Cohn, a.a.O. S. 167 f.

101) Wie zeitgemäß dieses Anliegen war, zeigt übrigens die nur ein Jahr später durch die Historiker Droysen, v. Ledebur u. Ranke erfolgte Gründung der ,Zeitschrift für preußische Geschichte und Landeskunde', die gerade auch dieser Aufgabe zu dienen bestimmt war.

102) B. Hildebrand: Die Verdienste der Universität Jena um die Fortschritte und das Studium der Staatswissenschaften (in: ,Jahrbücher' Bd 18, 1872, S. 1 ff.), S. 9.

Neben den Autoren der größeren Abhandlungen war es vor allem eine Reihe von Schülern Hildebrands, die die ihnen gebotene Möglichkeit benutzt haben, frühe Arbeiten – ihre Dissertationen wie auch andere, meist in den von Hildebrand geleiteten Seminaren entstandene Forschungsarbeiten – in den ‚Jahrbüchern' zu veröffentlichen. Und wenn Conrad, der selbst zu diesem Kreis gehörte, berichtete, daß Hildebrand seine „hauptsächlichste Wirksamkeit . . . unzweifelhaft (in seinem) staatswissenschaftlichen Seminar (entfaltete)"(103), dann kann man die ‚Jahrbücher' besonders auch als eine Ergänzung zu dieser und der anderen ‚Werkstätte' seiner Lehr- und Forschertätigkeit, dem ‚Statistischen Bureau vereinigter thüringischer Staaten', sehen. Damit erklärt sich auch der vorläufige, unvollendete (nicht unfertige), gleichsam ‚werkstattmäßige' Charakter einer Reihe von Veröffentlichungen aus diesem Jenaer Schülerkreis: die ‚Mitteilungen' des statistischen Büros, die Dissertationen, Conrads agrarstatistische Untersuchungen und nicht zuletzt ein Teil von Hildebrands eigenen Aufsätzen, Besprechungen und Miscellen, die er mit Absicht anonym erscheinen ließ, um damit „anzudeuten, daß er selbst nicht völlig davon befriedigt sei, oder daß er nicht beabsichtige, die angefangene Untersuchung weiter fortzusetzen"(104).

Wendet man sich dann allerdings dem mehr im Bereich der praktisch-tätigen Erledigung liegenden Teil seiner Herausgebertätigkeit zu, dann ist man versucht, auch auf die Arbeit an den ‚Jahrbüchern' ein Urteil Conrads anzuwenden, das anderen Bereichen Hildebrandscher Wirksamkeit gewidmet war: „Er war ein Organisationsgenie, er wußte das, und es reizte ihn, dies zu verwerten. Waren aber die großen Schwierigkeiten überwunden, die Hauptaufgabe gelöst, so war auch das Interesse bei ihm erloschen; die kleinen unvermeidlichen Mühseligkeiten der gewöhnlichen Tagesarbeit ermüdeten ihn." (105) Daß die besondere Konkurrenzsituation, die zum Zeitpunkt der Gründung herrschte oder doch abzusehen war, eine vorzeitige und daher übereilte Herausgabe des ersten Bandes nötig gemacht hatte, ist mehrfach deutlich geworden. Nachdem die hierbei bestehenden Schwierigkeiten aber bewältigt und die Herausgebertätigkeiten in einen ruhigeren Gang der Dinge eingemün-

103) J. Conrad: (Nachruf auf) Bruno Hildebrand, a.a.O. S. XIV.
104) J. Conrad: (Nachruf auf) Bruno Hildebrand, a.a.O. S. IX; die Bibliographie der Hildebrandschen Veröffentlichungen, die Conrad hier bietet, ist in Hinblick auf diese anonymen Beiträge, aber auch sonst keineswegs vollständig: Nicht einmal die von Hildebrand selbst im Vorwort seiner ‚Jahrbücher' genannten Aufsätze sind hier alle enthalten.
105) J. Conrad, ebenda S. II.

det waren, scheint dem Herausgeber zumindest die redaktionelle Arbeit in der Tat zunehmend zu einer Last geworden zu sein; die 1869 eingetretene (weitere) Reduzierung der Erscheinungstermine deutete hierauf ebenso hin wie eine Anzeige des Verlegers aus dem Sommer 1872: „Von diesem Bande an (hat) der Geh. Reg. Rat Prof. Dr. Hildebrand, welcher bisher die Honorierung der Beiträge selbst besorgt hat, mir übertragen, dieselben auszuzahlen, was der Unterzeichnete (i. e. ‚Friedrich Mauke, Verlagsbuchhändler') nach Beendigung eines jeden Bandes pünktlich ausführen wird."(106)

Als Hildebrand seinem Schwiegersohn „Weihnachten 1871 . . . das Titelblatt seiner Jahrbücher auf den Weihnachtstisch (legte), nach dem ich vom 18. Bande an als Mitredakteur aufgenommen wurde"(107), mochte er sich in J. Conrad den Mitherausgeber erhofft haben, der ihm im Laufe der Zeit solche redaktionellen Arbeiten abnehmen würde. Freilich hat er sich zu einer wirklichen Arbeitsteilung oder gar Zusammenarbeit kaum bereitfinden können, vielmehr hielt er nach wie vor selbst „die Redaktion nach allen Richtungen hin und ungeteilt in der Hand"(108). In dieser Haltung mag er durch die schon im Sommer 1872 eintretende (durch Conrads Berufung nach Halle bedingte) örtliche Entfernung, nach dem Tode seiner Tochter, der ersten Frau Conrads, auch durch eine persönliche Entfremdung, schließlich wohl auch durch eine gewisse Altersstarre bestärkt worden sein.

Dieser abnehmende Einsatz für die ‚Jahrbücher' führte nicht nur zu einer Einschränkung des Umfangs, sondern blieb auch, wie nachgewiesen, nicht ohne Rückwirkung auf deren Qualität. Die Folge wiederum war ein starker Rückgang in der Zahl der Abonnenten – deren Zahl 1878 auf 360 herabgesunken war!(109) –, so daß es, was Hildebrand selbst gesehen hat, „sehr fraglich war, ob die Zeitschrift zu halten sein würde"(110). Als Conrad nach Hildebrands Tod (28.1.1878) mit dem April-Heft des 30. Bandes die ‚Jahrbücher' als alleiniger Herausgeber übernahm, war die Zeitschrift in mehrfacher Hinsicht durchaus „heruntergekommen"(111).

106) Anzeige O. H. Maukes – der sich hier des Firmennamens bediente – auf dem rückwärtigen Umschlag von Heft 1/2 des 19. Bandes, 1872.
107) J. Conrad: Lebenserinnerungen, a.a.O. S. 120.
108) Ebenda.
109) Vgl. F. Lütge: Das Verlagshaus Gustav Fischer in Jena, Jena 1928, S. 171.
110) J. Conrad: Lebenserinnerungen, a.a.O. S. 121.
111) Ebenda.

## Zweiter Teil:

## Die ‚Jahrbücher' unter Johannes Conrad: Materialsammlung und wissenschaftliche Analyse

## I Die Ausgangssituation

Solange Bruno Hildebrand die ‚Jahrbücher' herausgegeben hatte, waren diese deutlich von der Auffassung geprägt worden, die ihr Begründer von seiner Wissenschaft vertrat, und insofern könnte man sie während dieser ersten Epoche ihres Bestehens als die Zeitschrift einer bestimmten wissenschaftlichen Richtung bezeichnen. Demgegenüber hat Johannes Conrad hauptsächlich der Behandlung aktueller Fragen unter wissenschaftlichen Gesichtspunkten Raum gegeben und damit eine grundsätzlich neue Richtung eingeschlagen. Dieser Umschwung lag zum Teil in der Person des Herausgebers (und seines Verlegers) begründet. Ein weiterer, entscheidender Anstoß hierfür war zweifellos die Entwicklung des Wechselverhältnisses, das überhaupt zwischen der Wissenschaft von Wirtschaft und Gesellschaft und dem tatsächlichen Ablauf dieser Lebensbereiche besteht, das aber während der nunmehr zu betrachtenden Epoche – mehr als je zuvor – in seiner Intensität durch den Umfang und das Gewicht der Probleme bestimmt wurde, die sich mit der seit den 1870er Jahren einsetzenden wirtschaftlichen und gesellschaftlichen Entwicklung einstellten und die alle an der Entscheidung wirtschafts- und sozialpolitischer Fragen mitwirkenden Instanzen zu intensivster Mitarbeit herausforderten.

Aus dieser Entwicklung erwuchs der Wissenschaft eine zweifache Aufgabe. Auf der einen Seite vermehrte sich allerorten – in der Wirtschaft wie in der öffentlichen Verwaltung, im Verbands- und Sozialwesen wie in der Politik – der Bedarf an wissenschaftlich ausgebildeten Mitarbeitern. Auf der anderen Seite wuchs die Verpflichtung der Wissenschaft, in eigener, unabhängiger, kritischer Stellungnahme an den Entscheidungen über die großen Probleme der Zeit teilzunehmen. Beiden Ansprüchen war letztlich nicht zu genügen, ohne die Institutionen und Methoden fortzuentwickeln und zu verfeinern, deren man sich bei der Sammlung, Erfassung und Verwertung des in immer größerer Fülle zur Verfügung stehenden Materials bedienen konnte, das zu jener Urteilsbildung erforderlich war.

Indem Conrad die ‚Jahrbücher' in den Dienst dieses Austauschverhältnisses stellte, weitete er deren Gesichtskreis nicht nur hinsichtlich des behandelten Stoffes, sondern auch im Hinblick auf den hiermit angesprochenen Leserkreis. Wie diese Entwicklung in dem vorgegebenen Rahmen, den die ‚Jahrbücher' als eine wissenschaftliche Zeitschrift darstellten und erklärtermaßen behalten sollten, im einzelnen vollzogen wurde, ist im folgenden darzustellen. Daß diese Ausweitung nicht nur zeitgemäß, sondern – zumal bei dem

Zustand, in dem Conrad die ‚Jahrbücher' übernahm – auch geboten war, zeigt ein Blick auf die gleichzeitige Entwicklung gleichgerichteter Periodika.

Daß die ‚Zeitschrift für die gesamte Staatswissenschaft' sich von diesen Entwicklungen am wenigsten beeinflußt zeigte, war in der Hauptsache „der Treue gegen ihr ursprüngliches Programm, welches die Einengung der Staatswissenschaft auf politische Ökonomie ausschließt"(112), zuzuschreiben, wodurch notwendig ein gewisser Abstand namentlich gegenüber der Diskussion der aktuellen Wirtschaftspolitik gewahrt blieb. Immerhin war ein gewisses Hervortreten der ökonomischen Seite der Staatswissenschaften doch nicht zu verkennen. Auf der einen Seite nämlich gewann die Zeitschrift mit dem in Berlin lehrenden A. Wagner im Jahre 1878 einen Mitherausgeber, der, selbst durch zahlreiche Beiträge zur wirtschaftspolitischen Diskussion hervorgetreten, besonders in dem von ihm ausgebauten Rezensionsteil der Zeitschrift dieser Diskussion eben doch Eingang verschaffte. Zum anderen erfuhr das Programm der Lauppschen Verlagsbuchhandlung, bei der die Zeitschrift erschien, unter J. G. Kötzle, der – ebenfalls 1878 – als Nachfolger H. Siebecks eingetreten war, eher eine Verstärkung zur nationalökonomischen Literatur hin, was in der Herausgabe des Schoenbergschen ‚Handbuchs der politischen Ökonomie' in der ersten Hälfte der achtziger Jahre besonders deutlich hervortrat.

Auf dem Gebiete des eigentlich nationalökonomischen Zeitschriftenwesens zeigte sich zunächst eine fortschreitende – auch literarische – Verselbständigung von Teilgebieten, die Hildebrand in seiner Zeitschrift noch vereinigt hatte – eine Entwicklung, die besonders in Hinblick auf zwei Themenbereiche eine unveränderte Fortsetzung der inhaltlichen Ausgestaltung der ‚Jahrbücher' ausschloß. Zum einen ist es Conrad nicht möglich gewesen, sich mit Hilfe eines eigenen statistischen Büros selbst das Material zu verschaffen, das Hildebrand als eine der Grundlagen seiner Forschung regelmäßig in den ‚Jahrbüchern' veröffentlicht hatte. Das ‚Statistische Bureau vereinigter thüringischer Staaten' war nach dem Tode seines Begründers in eine Regierungsstelle eingegliedert worden; Conrads Antrag auf Einrichtung eines entsprechenden Instituts in Halle wurde aus finanziellen Gründen abgelehnt (113). Bei aller

112) A. Schaeffle: Zum fünfzigjährigen Bestande der ‚Tübinger Zeitschrift' (in: Zeitschrift für die gesamte Staatswissenschaft, Jahrg. 50, Tübingen 1894, S. VII ff.), S. VIII.

113) Vgl. Conrads Vorwort in Bd 1, Heft 2, der von ihm herausgegebenen ‚Sammlung . . . ', Jena 1877, S. III.

Förderung, die Unterricht und Forschung hierbei hätten gewinnen können, muß man freilich auch fragen, ob ein solches, vorwiegend akademischen Zwecken dienendes Institut den inzwischen (namentlich seitens der Reichsstatistik) bestehenden Anforderungen an die landes- und ortsstatistischen Ämter (114) wirklich hätte entsprechen können und ob jedenfalls die ‚Jahrbücher', falls man diesen Anforderungen hätte nachkommen wollen, nicht zu einem rein statistischen Journal geworden wären. – Ein weiterer, von Hildebrand wenigstens zeitweise aufgenommener Themenbereich, die für den Verein für Sozialpolitik vorbereiteten Gutachten und Referate, wurde schon bald nach der Gründung des Vereins in einer eigenen Reihe im Verlag Duncker & Humblot in Leipzig, herausgegeben. Und mit diesem Verlag ist ein Unternehmen genannt, das in einem Überblick über die ‚Konkurrenz-Situation' zum Zeitpunkt des Übergans der ‚Jahrbücher' an Conrad noch aus anderen Gründen nähere Erwähnung verdient.

Wie im Falle Laupp war auch der Verlag von Duncker & Humblot um die Wende zu den siebziger Jahren in jüngere Hände übergegangen (115); und erst mit diesem Generationenwechsel scheint hier die intensivere Hinwendung zu den ‚Staats- und Socialwissenschaften' erfolgt zu sein. Jedenfalls finden wir – neben älteren rechtswissenschaftlichen Schriften – Publikationen aus diesem Gebiet erst seit dem Beginn der siebziger Jahre im Verlagsprogramm des Unternehmens (116). Bei der Anknüpfung der ersten Beziehungen in diese Richtung konnte der junge Verleger (C. Geibel jun.) freilich eine seit 1871 bestehende Verbindung ausnutzen: Seit diesem Jahr erschien in seinem Verlag das von dem Berliner Juristen F. v. Holtzendorff herausgegebene ‚Jahrbuch für die Gesetzgebung, Verwaltung und Rechtspflege des Deutschen Reichs'. von Holtzendorff gehörte zum Gründungsausschuß des Vereins für Sozialpolitik; in der Liste der Ausschußmitglieder finden wir neben Hildebrand und Conrad, neben Brentano und Schmoller auch C. Geibel. Nach der Konstituierung des Vereins hat dieser das Amt des Kas-

114) Vgl. hierzu etwa P. Kollmann: Das statistische Amt für das Großherzogtum Oldenburg in den ersten fünfzig Jahren seines Bestehens (in: ‚Jahrbücher' Bd 83, 1904, S. 717 ff.), S. 734 ff.

115) G. Schulz: 175 Jahre Duncker & Humblot (in: Börsenblatt für den Deutschen Buchhandel, Frankfurter Ausgabe vom 21.9.1973, S. 1456 f.).

116) Vgl. das aus dem Jahre 1878 stammende ‚Verzeichnis von Schriften aus dem Gebiete der Staats- und Socialwissenschaft, erschienen im Verlag von Duncker & Humblot in Leipzig' (eingeheftet in ‚Schriften des Vereins für Socialpolitik' Jahrg. 1878).

senwarts übernommen, und man kann sicher sein, daß er in diesem Kreis die für ihn entscheidenden Bekanntschaften machen konnte: Neben den schon erwähnten Schriften zeigte sein zitiertes ‚Verzeichnis . . . ‘ bereits 1878 eine eindrucksvolle Sammlung von Veröffentlichungen vorwiegend ‚kathedersozialistischen‘ Ursprungs.

Besonders eng hat sich mit den ‚Jahrbüchern‘ allerdings ein Erzeugnis dieses Hauses, und dies in zweifacher Hinsicht, berührt. Geibel ist offenbar schon früh bestrebt gewesen, dem erwähnten v. Holtzendorffschen Jahrbuch – dem neu hinzugewonnenen Autorenkreis des Verlags entsprechend – eine mehr volkswirtschaftliche Ausrichtung zu geben; und hierbei scheint er zunächst an eine Vereinigung mit den Hildebrandschen Jahrbüchern gedacht zu haben (117), wozu ihm freilich Conrad, an den er sich wandte, nicht verhelfen konnte. Daraufhin hat er dann zunächst Brentano als Mitherausgeber gewinnen können, seit dessen Eintritt (1877) die Zeitschrift sich dann tatsächlich mehr den volkswirtschaftlichen und sozialen Fragen zuwandte. Nach Hildebrands Tod hat er einen zweiten Versuch in die genannte Richtung unternommen, scheiterte dabei aber an Hildebrands Verfügung, daß die ‚Jahrbücher‘ in Jena bleiben sollten.

Die endgültige Lösung – und dies ist die zweite, nunmehr freilich negative Berührung mit unseren ‚Jahrbüchern‘ – fand Geibel in der 1881 erfolgten Übernahme seines Jahrbuchs durch den bedeutendsten Vertreter des Vereins für Sozialpolitik und zugleich der jüngeren historischen Schule der Nationalökonomie, G. Schmoller. Für diesen gab Geibel bereits seit 1878 ‚in zwanglosen Heften‘ die ‚Staats- und socialwissenschaftlichen Forschungen‘ als eine Reihe heraus, in der Schmoller – ähnlich wie Conrad in seiner ein Jahr vorher begonnenen ‚Sammlung . . . ‘ – ‚ausschließlich gelehrte Arbeiten in Form von größeren Untersuchungen‘ erscheinen ließ (118). Mit der Übernahme der Zeitschrift bot sich Schmoller nun die ihm erwünschte Gelegenheit, sich auch mehr den praktischen Fragen der Gegenwart zuzuwenden und dabei zu den Problemen der aktuellen wirtschaftspolitischen Diskussion im Sinne des von ihm mitgeführten Vereins für Sozialpolitik Stellung zu nehmen. Das Programm, das er seinem Jahrbuch – man sprach schon bald von ‚Schmoller's Jahrbuch‘ – vorausschickte, zeigte in Ausrichtung und Anlage zahlreiche Berührungspunkte mit den nunmehr von Conrad herausgegebenen ‚Jahrbüchern‘:

117) Vgl. hierzu J. Conrad: Lebenserinnerungen, a.a.O. S. 120 f.
118) Vgl. den entsprechenden Verlagskatalog aus dem Jahre 1878 (in Holtzendorff/Brentano's Jahrbuch, Jahrg. 1878).

Mehr noch, als dies schon unter Brentano zum Zuge gekommen war, wollte Schmoller die „überwiegend praktische Tendenz . . . einhalten; es soll ausschließlich dazu bestimmt sein, nicht eine gelehrte staatswissenschaftliche Zeitschrift zu sein, sondern die großen Fragen, welche in der Gegenwart die öffentliche Meinung, die Parlamente und Regierungen Deutschland's beschäftigen . . . , wissenschaftlich, aber zugleich in einer für weitere Leserkreise bestimmten Weise zu behandeln"(119).

Die weitere Entwicklung dieses Jahrbuchs braucht hier nicht verfolgt zu werden. Wie die ‚Tübinger' Zeitschrift besteht auch dieses Journal noch heute. Vor allem das Schmollersche Jahrbuch sollte hier als ein Beispiel dafür angeführt werden, daß die Anstöße, die aus der äußeren politischen und wirtschaftlichen Entwicklung kamen, auch im Bereich des wissenschaftlichen Zeitschriftenwesens aufgenommen wurden und – unterstützt durch tatkräftige Verleger – zu neuen Entwicklungen führten. In dieser Zeit übernahm Conrad – „allerdings mit außerordentlich schwerem Herzen"(120) – die Hildebrandschen Jahrbücher; und dieser Schritt wird ihm nicht zuletzt deshalb schwer gefallen sein, weil wenige Wochen vor dem Übergang, Ende 1877, auch der an die Stelle O. H. Maukes getretene zweite Verleger der Zeitschrift, H. Dufft, seine Geschäfte hatte aufgeben müssen.

## II Der Herausgeber und seine Mitarbeiter

### *1. Johannes Conrad*

Um die ‚Jahrbücher' in der eigentümlichen Ausprägung erkennen und beurteilen zu können, die sie von ihrem zweiten Herausgeber, Johannes Conrad, erhalten haben, ist es erforderlich, nach dem vorhergehenden Blick auf einige äußere Verhältnisse nunmehr das Wirken dieses Mannes besonders in dreifacher Hinsicht näher in Betracht zu ziehen.

Versuchen wir dabei an erster Stelle, Conrads wissenschaftlichen Standpunkt zu ermitteln, dann ist zunächst festzuhalten, daß er nicht zur historischen Schule der Nationalökonomie gehörte, worauf er selbst gelegentlich ausdrücklich hinwies (121). Dies mag bei dem engen Verhältnis zu dem Lehrer Hilde-

119) G. Schmoller: Über Zweck und Ziel des Jahrbuchs (in: Schmoller's Jahrbuch, Jahrg. 5, Leipzig 1881, S. 1 ff.), S. 1.
120) J. Conrad: Lebenserinnerungen, a.a.O. S. 121.
121) In einer Besprechung des ‚Thünen-Archiv's' (in: ‚Jahrbücher' Bd 85, 1905, S. 567 ff.), S. 568.

*Johannes Conrad (28.2.1839–25.4.1915)*

brand ebenso überraschen wie angesichts der Tatsache, daß Conrad namentlich im Verein für Sozialpolitik mit allen führenden Vertretern der ‚jüngeren' historischen Schule zusammengearbeitet hat. Aber der Verein hat sich nie in einseitigem Dogmatismus abgeschlossen. Und es dürfte gerade die extreme Ausrichtung jener Schule unter ihrem bedeutendsten Vertreter, Schmoller, gewesen sein, welche Conrad schon früh zu einer Distanzierung bewog: die Auffassung, daß nur noch historische Forschung als ‚wissenschaftliche Nationalökonomie' gelten könne.

Diesen Standpunkt hat auch Schmoller später nicht mehr bedingungslos aufrechterhalten. Aber schon in der ersten Hälfte der 1880er Jahre hatte eine scharfe Reaktion, und zwar von Seiten österreichischer Volkswirte, hiergegen eingesetzt, die eine Rückkehr zur deduktiven Methode und damit zu rein theoretischer Forschung forderten. In der ‚Wiener Grenznutzenschule' hat diese Richtung (um K. Menger) einen Sammelpunkt gefunden, von dem entscheidende Anregungen zu einer Weiterentwicklung der Wissenschaft ausgegangen sind. Nur drohte freilich auch diese Schule – zeitweise wenigstens und namentlich in der scharfen anfänglichen Polemik gegen den Historismus – in eine Einseitigkeit zu fallen, die sie bei der Schule Schmollers gerade rügte (122).

Auch Conrad hat sich von der historischen Schule abgesetzt (123). Nur ist er hierbei nicht den Wiener Dogmatikern gefolgt, deren Methoden er, bei hoher Anerkennung theoretischer Einzelleistungen, im allgemeinen für nur zu begrenzt anwendbar hielt. Conrads reservierte Einstellung gegenüber der historischen Schule war – im Ton ohnehin, aber auch in der Sache – verbindlicher, zugleich pragmatischer und die Ansätze bewahrend und verwertend, die dort gewonnen worden waren. Nur machte er auch auf Grenzen aufmerksam, die die Wirtschaftsgeschichte in eine eindeutig dienende Stellung gegenüber der Nationalökonomie wiesen – Grenzen, die darin begründet seien, „that in modern times such radical changes have taken place in economic life and in our culture that conclusions from the past can be drawn only in a very limited degree for the present"(124). (Wirtschafts-)historische

122) Vgl. als knappe zeitgenössische Darstellung dieses ‚Methodenstreits': A. Wagner: Systematische Nationalökonomie (in: ‚Jahrbücher', Bd 46, 1886, S. 197 ff.).

123) Zum folgenden vgl. J. Conrads auf der Weltausstellung in St. Louis gehaltenen Vortrag ‚Economic History in relation to kindred Sciences' (in: Congress of Arts and Science. Universal Exhibition. St. Louis 1904. Ed. by H. J. Rogers. Vol. 2, Boston u.a. 1906, S. 196 ff.).

124) Ebenda S. 211.

Forschungsergebnisse könnten der Nationalökonomie nur insoweit eine Hilfe bieten, wie sie in der Lage seien, ‚auf die gegenwärtigen wirtschaftlichen und sozialen Verhältnisse einiges Licht zu werfen', „the investigation of the present being of prime importance"(125). – „To grasp the actual condition of the present"(126): Mit diesen Worten kennzeichnete Conrad seine Auffassung von der Aufgabe nationalökonomischer Forschung; hierbei habe die Wirtschaftsgeschichte als *eine* Hilfswissenschaft zu dienen – ebenso wie die theoretische Deduktion, die Statistik oder etwa die Befragung von Spezialisten, wie sie der Verein für Sozialpolitik seit Beginn der achtziger Jahre in exemplarischer Gründlichkeit durchführte.

Conrads Nationalökonomie ist demnach praxisnah gewesen – dies in dem doppelten Sinne, der ihn von der historischen Schule so gut wie von den Wiener Theoretikern trennte. Dabei war er in Einzelheiten sehr genau (und hierin eben doch der Schüler eines historisch-exakt arbeitenden Hildebrand): denn „darin lag der Hauptfehler der alten (d.i. der Smithschen) Schule, daß sie die Bedeutung der Details, der Hemmnisse im wirtschaftlichen Leben und Weben, und damit die Schranken der eigenen Erkenntnis unterschätzte, ja ganz ignorierte"(127). Daß er, bei aller Objektivität im Für und Wider, meistens vermittelnd Einfluß nahm, hielt er für seine Pflicht als Wissenschaftler: „Die Aufgabe der Zeit scheint mir eben darin zu liegen, die Mittelwege aufzufinden, auf denen ein gemeinsames Vorgehen der Vertreter von verschiedenen Anschauungen für bestimmte Zwecke möglich ist, wie überhaupt mehr das gemeinsam Verbindende hervorzusuchen und in den Vordergrund zu stellen, die Gegensätze dagegen möglichst zurückzudrängen."(128)

Eine zweite Wurzel Conradscher Wirksamkeit ist seine pädagogische Befähigung gewesen. „Seine größten Leistungen waren die, die er als akademischer Lehrer vollbracht hat"(129), urteilte einer seiner Schüler, und die Anhänglichkeit und Verehrung, die ihm aus diesem Schülerkreis wie aus dem Kreis seiner Mitarbeiter an den Jahrbüchern entgegengebracht wurden, können in der Tat ebenso beeindrucken, wie die große Zahl von Hochschullehrern, die

125) Ebenda S. 211.
126) Ebenda S. 209.
127) J. Conrad: Die Tarifreform im Deutschen Reich . . . (in: ‚Jahrbücher' Bd 33, S. 433 ff.), S. 444.
128) J. Conrad: Grundriß zum Studium der politischen Ökonomie, Teil 2: Volkswirtschaftspolitik (3. Aufl.), Jena 1902, Vorwort S. V.
129) K. Diehl: (Nachruf auf) Johannes Conrad (in: ‚Jahrbücher' Bd 104, 1915, S. 737 ff.), S. 750.

aus dem Conradschen Seminar hervorgegangen sind (130). Conrad hat seit Beginn seiner Tätigkeit in Halle (1872) – auch hierin seinem Lehrer folgend – ein staatswissenschaftliches Seminar abgehalten und dabei stets die größte Sorgfalt darauf verwandt, die individuellen Interessen und Fähigkeiten seiner Schüler zu fördern (131). Dies mag bei der oft ungewöhnlichen Zusammensetzung der Seminare – in Halle wurden diese sehr zahlreich von Landwirten, daneben aber auch von Juristen und Nationalökonomen besucht, wobei unter den letzten regelmäßig auch weit fortgeschrittene Schüler gewesen sind – unumgänglich gewesen sein; das Gewicht, das Conrad auf diese Betreuung offensichtlich gelegt hat, zeigt aber doch eine ungewöhnliche Teilnahme an den Arbeiten seiner Schüler.

Man wird hierin ein pädagogisches Talent bewundern müssen. Vielleicht sollte man aber allgemeiner überhaupt von der ungewöhnlichen Kontaktfähigkeit sprechen, die diesen Mann auszeichnete. In seinen Erinnerungen hat er eine Fülle von Begegnungen geschildert, die ihn auf seinen Resien mit Fachkollegen wie Fremden zusammenführten und zu bleibenden Verbindungen geführt haben. Diese Offenheit anderen Menschen gegenüber kann deshalb nicht als ganz selbstverständlich übergangen werden, weil Conrad seit seiner Jugend unter einer Knochenerkrankung gelitten hat, die ihn bis ins hohe Mannesalter an Krücken fesselte, ihn zu häufiger Bettlägerigkeit zwang und ihn in einem Maße quälte und in seiner Arbeitsfähigkeit behinderte, das wohl die meisten zu verbitterten und unzugänglichen Außenseitern hätte werden lassen.

In den hiermit angedeuteten persönlichen Verhältnissen liegt schon eine Erklärung zu einem dritten Aspekt, zu Conrads literarischer Wirksamkeit. Die äußeren Voraussetzungen hierfür sind lange Zeit keineswegs günstig gewesen. Schon aus gesundheitlichen Gründen war er häufig nicht imstande, „länger als anderthalb Stunden hintereinander konzentriert zu arbeiten"(132) – erst eine 1894 unternommene Kur hat ihm hier spürbare Erleichterung gebracht. Dazu kam die starke Beanspruchung durch den Lehrbetrieb, Seminare, Prak-

130) Vgl. hierzu besonders W. Kähler: Die Entwicklung des staatswissenschaftlichen Unterrichts an der Universität Halle (in: Festgabe für Johannes Conrad, Jena 1898, S. 113 ff.), S. 166 ff.; daneben K. Diehl, a.a.O. S. 752 f.

131) Über diese Seminararbeit hat Conrad sich selbst in seinen Lebenserinnerungen (a.a.O. S. 131 f.), besonders ausführlich aber im Vorwort zu seiner ‚Sammlung . . . ' im ersten Band derselben (S. III ff.) geäußert.

132) J. Conrad: Lebenserinnerungen, a.a.O. S. 130.

tika und Sprechstunden. Dabei stand ihm zwar schon seit 1878 ein Privatdozent zur Seite, größere Entlastung brachte aber erst die Einrichtung eines Extraordinariats 1885 und die Einrichtung einer zweiten ordentlichen Professur im Jahre 1894 (133). Eine weitere Belastung brachte seit 1878 schließlich die überaus anstrengende und vor allem niemals aufschiebbare Arbeit als Herausgeber der ‚Jahrbücher'.

Schon an der äußeren Entwicklung seiner literarischen Tätigkeit sind diese Verhältnisse deutlich abzulesen (134). Für unseren Zusammenhang wichtiger ist allerdings ein formaler Aspekt dieser Seite seiner Wirksamkeit, der Umstand nämlich, daß Conrad „ein größeres wissenschaftliches Buch . . . , wie es nun einmal von einem deutschen Professor verlangt wird"(135), nicht geschrieben hat. Er selbst hat dies mit seinem Gesundheitszustand begründet. Entscheidend dürfte hierfür aber auch seine praxisnahe Auffassung von seiner Aufgabe als Wissenschaftler gewesen sein, die ihn von endgültig zusammenfassenden Darstellungen abhielt.

Durch die Einschränkung der eigenen Arbeitskraft wie durch jenen praxisnahen Standpunkt bedingt war auch ein zweiter Formalaspekt seiner literarischen Wirksamkeit, seine anregende, wissenschaftliche Arbeit gleichsam organisierende Tätigkeit. „Statt selbst zu schreiben, was ich nicht konnte, suchte ich andere zur Bearbeitung der Themata heranzuziehen."(136) Hierzu hat er zunächst sein Seminar benutzt, dessen Teilnehmer er durch die Aussicht, ihre Arbeiten veröffentlichen zu können, zu gründlichen Spezialuntersuchungen anzuregen wußte; diese Veröffentlichungen erfolgten in der 1877 begründeten ‚Sammlung nationalökonomischer und statistischer Abhandlungen des staatswissenschaftlichen Seminars zu Halle', einer Schrif-

133) Vgl. im einzelnen W. Kähler, a.a.O. S. 155 ff.
134) Die Übernahme der ‚Jahrbücher' dürfte durch die gleichzeitige Gewährung einer Privatdozentenstelle ein wenig erleichtert worden sein. Im übrigen sind aber seit der Aufnahme der Lehrtätigkeit in Halle (1872) größere Abhandlungen Conrads bis zur Mitte der achtziger Jahre nicht mehr erschienen. Erst in diese Zeit fielen zunächst drei Referate für den Verein für Sozialpolitik; am Ende der 80er Jahre lag dann seine Teilnahme an der Vorbereitungskommission für das BGB und seine Mitwirkung an der 1. Aufl. des Handwörterbuchs der Staatswissenschaften (s.u.). Wissenschaftlich bedeutende Arbeiten entstanden erst wieder seit der ersten Hälfte der 90er Jahre; seit 1897 fand er daneben Zeit für seinen (in späteren Auflagen ständig erweiterten) mehrbändigen ‚Grundriß der Politischen Ökonomie' und für die Neuauflagen des HdSt.
135) J. Conrad: Lebenserinnerungen, a.a.O. S. 130.
136) J. Conrad: Lebenserinnerungen, a.a.O. S. 130 f.

tenreihe, die für spätere Unternehmen dieser Art beispielgebend wurde (137). Eine weitere Publikationsmöglichkeit eröffnete Conrad seinen Schülern in den Schriften des Vereins für Sozialpolitik, an deren Herausgabe er in dem zuständigen Unterausschuß mitbeteiligt war (138). In diesem Sinne vorwiegend organisierend war auch seine Mitwirkung am ‚Handwörterbuch der Staatswissenschaften': Sein Hauptverdienst hat vor allem bei dessen ersten Auflage darin gelegen, in dem ausgedehnten Mitarbeiterkreis, den er sich inzwischen für die ‚Jahrbücher' aufgebaut hatte, Bearbeiter für einzelne Artikel des HdSt zu gewinnen (139). Und in der Auswahl geeigneter Mitarbeiter hat er schließlich auch eine seiner Hauptaufgaben bei der Herausgabe der ‚Jahrbücher gesehen: „Es lag mir nicht daran, Manuskript aufzunehmen, wie es mir gerade zuflog, sondern vor allem mir Artikel zu bestellen, sei es in Form größerer Abhandlungen über wichtige Fragen, sei es in Form von Miscellen, um vorhandenes Material, namentlich statistisches, zu verwerten. Gerade dadurch ist es mir meiner Ansicht nach gelungen, die Jahrbücher in die Höhe zu bringen."(140)

## 2. *Conrads Mitarbeiterkreis*

### a) Die Mitherausgeber

Bei der Darstellung des engsten Kreises der Mitarbeiter an den ‚Jahrbüchern', der ‚Mitherausgeber' Conrads, ist zunächst darauf hinzuweisen, daß deren Mitwirken an der Zeitschrift von einem anderen Unternehmen dorthin gleichsam übertragen wurde. Elster, Lexis und Loening hatten mit Conrad zwar schon durch ihre Beiträge zu den ‚Jahrbüchern', Elster im übrigen als Schüler und späterer Haller Kollege, Loening auch durch persönliche Freundschaft mit Conrad in Verbindung gestanden; zu einer förmlichen Zusammenarbeit kam es aber erst 1889, als die vier Männer sich zur gemeinsamen Herausgabe

137) Schon 1878 folgte Schmoller mit seinen ‚Staats- und sozialwissenschaftlichen Forschungen', in den 80er Jahren dann Knapp und Brentano für Arbeiten ihres Straßburger Seminars, Oncken für Bern und Elster für Arbeiten aus allen deutschen Universitäten; in den 90er Jahren sind weitere Schriftenreihen dieser Art begründet worden.

138) Vgl. K. Diehl, a.a.O. S. 758 f.

139) Vgl. L. Elsters Vorwort ‚In memoriam' zur 4. Auflage des HdSt, Jena 1923.

140) J. Conrad: Lebenserinnerungen, a.a.O. S. 131.

des ‚Handwörterbuchs der Staatswissenschaften (HdSt)' entschlossen (141). Diese Zusammenarbeit erfuhr in der Aufnahme, die das Werk fand, eine so offensichtliche Bestätigung, daß es für Conrad selbst ebenso wie für den Verleger – für diesen nicht zuletzt unter absatzpolitischen Gesichtspunkten (142) – nahelag, sich der Hilfe und des Ansehens der Hinzugekommenen auch weiterhin dadurch zu versichern, daß man sie zu regelmäßiger und auch nach außen sichtbar werdender Mitarbeit an den ‚Jahrbüchern' aufforderte. Und so erschien die Zeitschrift seit dem 56. Band (ab Januar 1891) in Dritter Folge ‚herausgegeben von J. Conrad (Halle) und L. Elster (Breslau) in Verbindung mit Edg. Loening (Halle) und W. Lexis (Göttingen)'. Von diesen schied Elster 1898 wegen seiner Berufung in das preußische Kultusministerium aus (143). Seit dem 84. Band (ab Januar 1905) trat H. Waentig (Halle) als Mitherausgeber hinzu. Lexis starb im August 1914.

Ludwig Elster ist – wenngleich in verschiedener Stellung – viermal mit den ‚Jahrbüchern' in Verbindung gekommen. Schon unter Hildebrand scheint er, ohne daß dies nach außen hin sichtbar wurde, an der Zeitschrift mitgearbeitet zu haben; als seine erste Abhandlung erschien im 31. Band (1878) seine Dissertation. Nach einer zweijährigen Tätigkeit in Berlin (als Statistiker) und in Leipzig (als Handelskammer-Assistent) habilitierte er sich 1880 bei Conrad und lehrte in den nächsten drei Jahren als Privatdozent in Halle. In dieser Zeit hat er – wie vor und nach ihm andere Inhaber dieser Position – intensiv an den ‚Jahrbüchern' mitgewirkt; daß er sich dabei „besonders um den Ausbau des Literaturteils verdient gemacht (hat)"(144), scheint zum guten Teil einer persönlichen Neigung entsprochen zu haben: Elster hatte während seiner Tätigkeit an der Leipziger Handelskammer an dem dort gerade in Vorbereitung befindlichen Bibliotheks-Katalog mitgearbeitet (145). Der Ausgestaltung des Literaturteils galt auch nach 1891 offenbar wieder seine besondere Aufmerksamkeit; wie schon 1880–1883, so erschienen auch jetzt wieder zahlreiche von ihm verfaßte Rezensionen, und nach Elsters Ausscheiden gab Conrad bekannt: „Bücher, Recensionen und Briefe, welche die Ru-

141) Vgl. hierzu ausführlich L. Elster's Vorwort ‚In memoriam' zur 4. Auflage des HdSt (Bd 1, Jena 1923), S. V ff.

142) Hierauf weist F. Lütge (a.a.O. S. 173) hin.

143) Elster übernahm die Herausgabe der ‚Jahrbücher' nach Conrad's Tod im Jahre 1915.

144) G. Albrecht: (Nachruf auf) Ludwig Elster (in: ‚Jahrbücher' Bd 143, 1936, S. 257 ff.), S. 269.

145) Dies ergibt sich aus dem Vorwort zu diesem Katalog.

briken ‚Literatur' und ‚Übersicht über die neuesten Publikationen' betreffen, bitte ich fortan wieder an mich und nicht wie bisher an Herrn Prof. Dr. L. Elster zu senden."(146) Ein weiterer entscheidender Beitrag zur Ausgestaltung der ‚Jahrbücher' ist die auf seine Anregung zurückgehende ‚Volkswirtschaftliche Chronik' gewesen. – Daß Elster die ‚Jahrbücher' 1915 als Herausgeber übernahm, wurde schon erwähnt.

Conrad hatte seine eigene Mitarbeit am HdSt geradezu davon abhängig gemacht, daß auch Wilhelm Lexis dazu gewonnen werden müßte, „weil er mit seinem universalen Wissen und seiner schnellen Feder überall in der Lage sein würde einzuspringen, wo wir keinen geeigneten Bearbeiter finden könnten oder im letzten Monat im Stich gelassen würden"(147). Lexis, der erst nach beendetem Studium der Mathematik und Naturwissenschaften zur Volkswirtschaftslehre gekommen war, wo seine größten Leistungen bezeichnenderweise auf dem Gebiet der theoretischen Statistik, der Geldtheorie und der (auf mathematischen Grundlagen aufbauenden) Versicherungswissenschaft lagen, muß darüber hinaus und vor allem durch die Vielseitigkeit seiner Kenntnisse und wissenschaftlichen Interessen beeindruckt haben; dazu „(stand ihm) ein ganz hervorragendes Gedächtnis . . . zu Gebote. Und mit der Eigenschaft des Polyhistors verband er in einzig dastehender Weise die Fähigkeiten eines ordnenden und kritischen Verstandes."(148) Bedenkt man, daß er vor seiner akademischen Laufbahn mehrere Jahre journalistisch tätig war, dann kann man sich kaum einen besser geeigneten Mitarbeiter für die ‚Jahrbücher' denken.

Conrads Wertschätzung Edgar Loening gegenüber war anderer Art. Loening war im Herbst 1886 als Staats- und Völkerrechtler nach Halle gekommen, und seither verband ihn mit Conrad eine besonders enge persönliche Freundschaft (149), die sich schon 1889 in hohem Maße auch fachlich bewähren sollte, als Conrad zum Mitglied der Kommission für die Beratung des BGB berufen wurde: Da er selbst nur über geringes juristisches Wissen verfügte, besprach er sich fast allwöchentlich mit Loening über die anstehenden Probleme und konnte so wohlvorbereitet an den Verhandlungen in Berlin teilnehmen (150). Daß Loening in den ‚Jahrbüchern' – wie im HdSt (151) –

146) In Bd 69, 1897, Rückseite des Inhaltsverzeichnisses.
147) J. Conrad: Lebenserinnerungen, a.a.O. S. 137.
148) L. v. Bortkiewicz: (Nachruf auf) Wilhelm Lexis (in: Bulletin de l'Institut International de Statistique, Tome 20, Vienne 1915, S. 328 ff.), S. 329.
149) Vgl. J. Conrad: Lebenserinnerungen, a.a.O. S. 176 f.
150) Vgl. K. Diehl, a.a.O. S. 760.
151) Vgl. hierzu L. Elster, a.a.O. S. IX.

vor allem die juristischen Partien, dabei namentlich auch die Besprechungen, selbst übernahm oder besorgen ließ, braucht kaum erwähnt zu werden. Seine besondere Bedeutung als Conrads Mitarbeiter dürfte aber eher in jenem regelmäßigen gedanklichen Austausch gelegen haben, dies umso mehr, als seine Schriften (152) wie seine aktive Mitarbeit im Verein für Sozialpolitik auch ein erhebliches volkswirtschaftliches Interesse erkennen lassen.

Daß Heinrich Waentig schon so kurz nach seiner Übersiedlung nach Halle – seine Lehrtätigkeit nahm er dort im Herbst 1904 auf, seit Januar 1905 zeichnete er als Mitherausgeber der ‚Jahrbücher' – als enger Mitarbeiter aufgenommen wurde, kann man sich, da über nähere persönliche Beziehungen zu Conrad keine Hinweise vorliegen, nur damit erklären, daß die Mitarbeit der anderen Haller Fachvertreter überhaupt schon zur Tradition geworden war und daß insbesondere nach Elsters Ausscheiden ein großer Teil der regelmäßigen redaktionellen Arbeiten wieder von Conrad zu bewältigen war; diese dürften ihm nun von Waentig – wie vorher von Elster – wieder abgenommen worden sein.

### b) Der weitere Kreis der Mitarbeiter

Daß Conrad sich, als er die ‚Jahrbücher' übernahm, zunächst weitgehend auf regelmäßige Mitarbeiter aus der Zeit Hildebrands stützte, kann nicht überraschen; v. Scheel, Lesigang, Kollmann, Cohn und Knapp – dies sind Namen, die auch in den Jahrgängen nach 1878 zunächst noch regelmäßig vertreten sind. Zu ihnen traten bald jüngere Hochschullehrer – so etwa Stieda, Kleinwächter, Lexis, Lehr, Leser – , die zwar gelegentlich auch unter Hildebrand schon einen Beitrag oder einige Rezensionen geliefert hatten, die regelmäßig aber erst jetzt von Conrad herangezogen wurden. Jedenfalls setzte dieser Kreis sich zunächst weiterhin aus Wissenschaftlern zusammen, und zwar vorwiegend aus Dozenten, die auch im Verein für Sozialpolitik tätig waren; und damit wahrte Conrad anfangs deutlich den Charakter einer wissenschaftlichen Zeitschrift.

Daneben bildete sich seit Beginn der achtziger Jahre in den neben Conrad in Halle tätigen Fachvertretern ein besonders enger Mitarbeiterkreis heraus. Wenn man die Arbeitslast bedenkt, die der Herausgeber – und dies bei einem

152) Vgl. den Personalartikel im HdSt, 3. Aufl., Bd 6, Jena 1910, S. 506.

äußerst labilen Gesundheitszustand – zu tragen hatte, dann kann man fast den Eindruck gewinnen, daß die 1878 erfolgte Einrichtung einer Privatdozentenstelle überhaupt eine Voraussetzung dafür gewesen ist, daß Conrad die ‚Jahrbücher' übernehmen konnte. Jedenfalls finden wir schon die ersten Inhaber dieser Stelle, Paasche und Elster, als aktive Mitarbeiter an der Zeitschrift ihres Lehrers. Und im allgemeinen gilt dies auch von deren Nachfolgern wie von den Inhabern der weiterhin eingerichteten Professoren- und Privatdozentenstellen. Soweit diese von Schülern Conrads besetzt wurden, lag deren Mitarbeit schon deshalb nahe, weil sie bereits als fortgeschrittene Mitglieder des Conradschen Seminars zu solcher Mitarbeit herangezogen worden waren. Einen Eindruck von diesem Kreis vermitteln die Abhandlungen eines Doppelheftes (Band 98, Januar/Februar 1912), das Conrad von den Mitherausgebern sowie den ‚ehemaligen und jetzigen Halle'schen national ökonomischen Dozenten' zum vierzigjährigen Jubiläum seiner Herausgebertätigkeit gewidmet wurde.

Bei der Auswahl des dritten, weitesten Kreises der Mitarbeiter schließlich lassen sich zwei Auswahltendenzen erkennen. Einmal nämlich zog Conrad – dies wurde soeben schon deutlich – vorzugsweise Schüler zur Mitarbeit heran. Zum Teil waren dies akademische Dozenten – schon 1898 konnte Kähler die stattliche Zahl von 33 Hochschullehrern nennen, die aus den Conradschen Seminaren hervorgegangen waren, davon allein neun in den USA tätige Professoren (153). In der Festschrift, die Conrad zum 25-jährigen Bestehen seines Seminars überreicht wurde (154), finden sich neben fünf Beiträgen aus dem Kreis dieser Dozenten aber auch Aufsätze von sechs in der Wirtschaftspraxis, und zwar vorwiegend in Verbänden und Handelskammern tätigen Schülern.

Damit ist bereits die zweite bei der Auswahl der Mitarbeiter erkennbare Tendenz angesprochen: Conrad stützte sich, was nach dem bisher Gesagten nicht mehr verwundern kann, in erheblichem Umfang auch auf Mitarbeiter aus der Praxis. Beispielhaft mag dies mit einem Blick auf das HdSt verdeutlicht werden, dessen Bearbeiter ja zum größten Teil von Conrad selbst ‚aus seinem ausgedehnten Mitarbeiterkreis an den Jahrbüchern' herangezogen wurden: an der dritten Auflage des HdSt waren (155) Hochschullehrer und Prak-

153) Vgl. W. Kähler, a.a.O. S. 167.
154) Diese bildet den 20. Band der Conradschen ‚Sammlung . . . ' (Jena 1898).
155) Vgl. im einzelnen das ‚Verzeichnis der Mitarbeiter' (in: HdSt, 3. Aufl., Bd 8, Jena 1911, S. 1225 ff.).

tiker ziemlich genau im Verhältnis 2 : 1 beteiligt. Von den 129 Praktikern ließ sich für 87 Mitarbeiter die Berufstätigkeit genauer ermitteln: Weit überwiegend handelte es sich um Verwaltungs- und Justizbeamte aus Ministerien, Reichsämtern und statistischen Behörden und Ämtern sowie um Verbands- und Handelskammer-Leiter. Daneben finden wir Vertreter des Schul- und Gesundheitswesens, der Kirche und der Presse, und schließlich sieben Bibliothekare (für biographische Artikel und Beiträge zum Bibliothekswesen).

### *3. Der Verleger*

In seinen ‚Lebenserinnerungen' hat Conrad es später als ein ‚überaus günstiges Moment' bezeichnet, daß gerade zu dem Zeitpunkt, als er die ‚Jahrbücher' übernahm, deren Verlag „in die Hand einer jungen Kraft, in die von Gustav Fischer, übergegangen war, der mich nach allen Richtungen hin zu unterstützen versprach"(156). Und in der Förderung, die Fischer der Zeitschrift zukommen ließ, hat dieser in der Tat ein „hohes Verständnis für die wissenschaftlichen Aufgaben der Zeit (bewiesen), die zu fördern ihm kein Opfer zu groß war"(157).

Das Zustandekommen dieser Verbindung ist durch Conrads Schwager, den ebenfalls mit einer Tochter Hildebrands verheirateten Jenaer Buchdrucker und Verleger E. Frommann, wesentlich erleichtert worden. Frommann war mit Fischer seit dessen Lehrzeit in der Frommannschen Buchhandlung befreundet und seinerseits, da er seit Maukes Konkurs den Druck der ‚Jahrbücher' besorgte, an deren Weiterbestehen auch unmittelbar interessiert. In dieser Konstellation hat Frommann bei der zunächst offenbar schwierigen Frage des Übergangs der Rechte an der Zeitschrift eine vermittelnde Rolle übernehmen können (158). – Der neue Besitzer bezeichnete seinen ‚Verlag von Gustav Fischer' zunächst noch mit dem Zusatz ‚vormals Friedrich Mauke'; erst seit 1882 erschien im Impressum allein sein Name. Die Übernahme der noch vorhandenen „sämtlichen Vorräte der ‚Jahrbücher' . . . Band I–XXV, sowie der aus den ‚Jahrbüchern' erschienenen Separatabdrücke" konnte Fischer als ‚Verlags-Änderung' am 1.7.1879 bekanntgeben (159).

156) J. Conrad: Lebenserinnerungen, a.a.O. S. 121.
157) W. Lexis: (Nachruf auf) Gustav Fischer (in: ‚Jahrbücher' Bd 95, 1910, Heft 3).
158) Vgl. im einzelnen J. Conrad, a.a.O. S. 121.
159) Angezeigt in Bd 33, Heft 1 (Juli 1879) der ‚Jahrbücher'.

Bis zum Ende der achtziger Jahre hat das Schwergewicht der verlegerischen Tätigkeit Fischers freilich nicht auf nationalökonomischem Gebiet gelegen. Nur darf man über dem Umstand, daß „der (nationalökonomische) Verlagsbestand . . . (noch) um das Jahr 1890 . . . recht gering (war) und . . . eigentlich wenig Werke (enthielt), die sich einen besonderen Ruf verschafft und erhalten haben"(160), zweierlei nicht vergessen. Zum einen hatte Fischer mit dem Aufbau seines Unternehmens gerade erst begonnen und sich dabei, was nahelag, für einen Einsatz seiner Mittel zunächst auf anderen, bereits ausgebauten Gebieten entschieden. Auf nationalökonomischem Gebiet hingegen fand er ein auch nur in Ansätzen vorhandenes oder gar in irgend eine Richtung ausgebautes Verlags-Programm nicht vor. Im Gegenteil: das einzige nennenswerte Objekt, die ‚Jahrbücher' war ‚heruntergekommen', und von der Conradschen ‚Sammlung . . . ' waren in den letzten Wochen des Dufftschen Unternehmens gerade erst zwei Hefte erschienen. Daß Fischer sich diesen beiden Objekten überhaupt, und zwar ‚mit großem Interesse', wie Lütge selbst betont, zuwandte, ist schon beachtlich. Daneben hat er – dies läßt sich anhand seiner Anzeigen auf den Heftbroschuren der ‚Jahrbücher' leicht belegen – von Anfang an auch Einzelschriften nationalökonomischen Inhalts herausgebracht, wobei er ganz offensichtlich die Verbindungen ausnutzte, die sich ihm zu den Mitarbeitern der Zeitschrift öffneten. Daß er auf diese Weise bereits zu Beginn der achtziger Jahre seinem Verlags-Programm immerhin einen Grundstock nationalökonomischer Literatur eingegliedert hatte, erscheint, wenn man vor allem auch den unternehmerischen Standpunkt berücksichtigt, wichtiger als die Frage, ob sich darin von Anfang an auch schon Werke von Autoren mit besonders gutem Ruf befunden haben. Hierbei ist auch immer zu bedenken, daß Geibel (Duncker & Humblot), der zehn Jahre früher begonnen hatte, durch seine Tätigkeit im Verein für Sozialpolitik längst feste Beziehungen zu den bedeutendsten Fachvertretern hatte knüpfen können – ein Vorsprung, gegen den nicht leicht (und bestimmt nicht in wenigen Jahren) anzukommen war.

Den entscheidenden Anstoß für den Ausbau des Unternehmens zu einem der führenden deutschen Verlage auf dem Gebiete der Staats-, Wirtschafts- und Sozialwissenschaft hat offenbar das (seit Juni 1889 herauskommende) HdSt gebracht. Man muß dieses Projekt durchaus als eine verlegerische ‚Pionierleistung' (im Sinne Schumpeters) bezeichnen; denn Fischer hat (nach dem Zeugnis Elsters) nicht nur die ursprüngliche Idee hierzu entwickelt, sondern

160) F. Lütge, a.a.O. S. 172.

auch – gegen vielfache Skepsis, anfangs namentlich auch gegen Conrads Rat – das außergewöhnlich hohe geschäftliche Risiko für dieses Vorhaben übernommen.

Der Erfolg ist nicht nur ein unmittelbar wirtschaftlicher gewesen. Wichtiger für die weitere Entwicklung des Verlages war, daß Fischer sich durch „dieses Handwörterbuch . . . (neue) Beziehungen zu einer großen Anzahl von nationalökonomischen Autoren schaffen konnte, während andererseits das Ansehen seiner Firma in den Augen der Gelehrten . . . eine beachtliche und für ihn natürlich sehr vorteilhafte Steigerung erfuhr"(161) – eine Steigerung, die in der nunmehr einsetzenden starken Ausweitung seines wirtschafts- und sozialwissenschaftlichen Programms seinen Ausdruck fand (162).

Daneben aber waren und blieben die ‚Jahrbücher' die Basis für den Ausbau in diese Richtung. Man wird umgekehrt allerdings nicht bezweifeln können, daß auch die Zeitschrift nicht allein durch die Initiativen, die Fischer ihr direkt zukommen ließ, sondern mittelbar auch durch jene Gesamtentwicklung des Verlags außerordentlich gefördert worden ist. Conrad selbst hat dies aufrichtig ausgesprochen: „Wir haben gemeinsam an der Entwicklung der ‚Jahrbücher' gearbeitet, und unsere Arbeit ist nicht ohne Erfolg geblieben."(163)

## III Die Entwicklung der ‚Jahrbücher' von 1878 bis 1915

### *1. Programmatisch-redaktionelle Äußerungen*

Ein eigenes Programm für die ‚Jahrbücher' – in der Art etwa, wie Hildebrand es seiner Zeitschrift voranschickte – hat Conrad ausdrücklich nicht formuliert; auch in seinen ‚Lebenserinnerungen' hat er sich hierzu nicht (und zu seiner Arbeit an den ‚Jahrbüchern' überhaupt nur sehr knapp (164)) geäußert. Sieht

161) F. Lütge, a.a.O. S. 172 f.
162) Vgl. ebenda S. 181 ff.
163) J. Conrad: Lebenserinnerungen, a.a.O. S. 121.
164) Auf den Seiten 120 bis 122.

man daher von einer kurzen Mitteilung anläßlich der Übernahme ab, dann ist man auf Ankündigungen angewiesen, die, durchweg in der Gestalt *redaktioneller* Verlagsanzeigen, zu verschiedenen Zeitpunkten auf den Heftumschlägen der ‚Jahrbücher' selbst oder anderer Veröffentlichungen des Verlages bekannt gegeben wurden. Immerhin läßt sich aus den an solchen Stellen gleichsam beiläufig eingestreuten *programmatischen* Äußerungen doch eine allgemeine Tendenz ablesen. Diese entsprach, wie zu erwarten, so deutlich dem allgemeinen wissenschaftlichen Standpunkt Conrads, daß es gerechtfertigt erscheint, jene Äußerungen durch entsprechende, aber bei anderem Anlaß gemachte Bemerkungen zu ergänzen.

Bei der Übernahme der ‚Jahrbücher' schloß Conrad sich ausdrücklich dem Hildebrandschen Hauptanliegen an: „Das Unternehmen soll ein wissenschaftliches sein."(165) Diesem Ziel diente bereits eine der ersten Neuerungen, die unter Conrads Herausgeberschaft eingeführt wurden: Mit der – im August 1878 (Band 31, Heft 2) begonnenen – Veröffentlichung von ‚Supplementen der Jahrbücher für Nationalökonomie' wollten ‚Verleger und Redacteur' einen ‚Sammelort' für *wissenschaftliche* Abhandlungen schaffen, die ‚in dem gleichmäßig beschränkten Raum einer Zeitschrift' in der Regel keinen Platz fänden – teils ihres Umfangs wegen, teils, „weil der Anspruch schnellen Abdrucks erhoben wird", eine Zerstückelung auf mehrere Hefte aber den Gesamteindruck beeinträchtigen würde (166). Damit setzte Conrad in den ‚Jahrbüchern' die Form der Wissenschaftsförderung fort, die er gerade ein Jahr vorher mit der Herausgabe des ersten Heftes seiner ‚Sammlung . . . ' begonnen hatte, da „die vorhandenen Zeitschriften . . . nicht (ausreichen), um die betreffenden Abhandlungen aufzunehmen, zumal größere statistische, wie wir sie zu bringen beabsichtigen". Auch hier bestand die Absicht in der Hauptsache darin, zu wissenschaftlichen Arbeiten durch „die in Aussichtstellung des Doktordiploms oder wenigstens ihrer Publikation"(167) anzuregen.

Den wissenschaftlichen Charakter der Zeitschrift hat Conrad streng eingehalten. Daß er dabei gleichwohl auch eine Hinwendung zur Praxis vornahm, entsprach seiner Auffassung von dieser Wissenschaft. In der hiermit angedeute-

165) Im Anschluß an den Nachruf auf Hildebrand in Bd 30 (1878), Heft 2/3, S. XVII.

166) Vgl. die Vorbemerkung zum Suppl.-Heft 1, ausgeliefert mit Bd 31, Heft 2 (August 1878) der ‚Jahrbücher'.

167) Vorwort zu Bd 1, Heft 1 der ‚Sammlung . . . ', unterz. ‚Halle, Juni 1877' (Jena 1877, S. I ff.), S. V.

ten Umgestaltung der ‚Jahrbücher' ist Conrads hauptsächliche Leistung als Herausgeber zu sehen – eine Leistung, die in der bald allgemein verbreiteten Bezeichnung ‚Conrad's Jahrbücher' ebenso ihre Anerkennung fand, wie der Erfolg, als die meistgelesene nationalökonomische Zeitschrift zu gelten, für deren eigentümlichen Charakter sprach.

Eine erste Andeutung dieser neuen, ausgeweiteten und mehr der Praxis zugewandten Zielsetzung finden wir – schon ein halbes Jahr nach der Ankündigung der Supplemente – in einer redaktionellen Notiz am Eingang des 32. Bandes (1879), wo ‚Verleger und Redakteur' eine Ausweitung der Zeitschrift von bisher vier auf fünf Bogen je Heft damit begründeten, daß man über (1) die auswärtige Literatur sowie (2) die Entwicklung der volkswirtschaftlichen Gesetzgebung ausführlicher als bisher berichten wolle, um auf diese Weise „den Aufgaben dieser Zeitschrift besser genügen zu können"(168). Schon nach drei Bänden, vom Juli 1880 an, entschloß man sich zu einer abermaligen Erweiterung (von *5* auf *6* Bogen je Heft, 1888–1890 erneut auf *7* Bogen je Heft) der nunmehr in ‚Neuer Folge' herauskommenden Zeitschrift, um dieser hiermit „nicht nur für den wissenschaftlichen, sondern auch für den praktischen Gebrauch einen wesentlich höheren Wert zu verleihen"(169). Der Umstand, daß diese Verlagsankündigung mit einem längeren Zitat aus dem Hildebrandschen Programm eingeleitet wurde, läßt erkennen, daß Conrad dem darin gesetzten Anspruch auf eine wissenschaftliche Zeitschrift durchaus zu folgen glaubte, als er die angekündigte Erweiterung zu einer noch umfassenderen Unterrichtung über nationalökonomische Literatur und Gesetzgebung zu benutzen versprach und damit besonders auch ‚Männer der Wirtschaft, Volksvertreter und Verwaltungsbeamte' anzusprechen hoffte. Im gleichen Sinne hieß es dann in einer Ankündigung aus dem Jahre 1886: „Die Jahrbücher haben sich in der ‚Neuen Folge' die Aufgabe gestellt, . . . über alles genau zu informieren, was *Wissenschaft* und *Praxis* des In- und Auslandes auf dem Gebiete der Volkswirtschaft neues bieten, . . . indem sie keine volkswirtschaftliche Tagesfrage von einiger Wichtigkeit unberücksichtigt lassen. . . . Die Wissenschaft der Nationalökonomie hat heutigen Tages die wichtige Aufgabe, auch unmittelbar für das praktische Leben zu arbeiten, und auf der anderen Seite hat nicht nur der Verwaltungsbeamte, sondern auch der Kaufmann, der Industrielle und

168) Anzeige in Bd 32, Heft 1/2 (ausgegeben im Januar 1879), auf der Rückseite des Vorderumschlags.

169) Ankündigung der Neuen Folge, abgedruckt auf der Innenseite des Vorderumschlags des Supplement-Heftes 7, Teil 1 (Jena 1881).

der Landwirt die Pflicht, von der nationalökonomischen Wissenschaft Notiz zu nehmen und sich eine eigene Ansicht über die nationalökonomischen Probleme der Gegenwart zu bilden."(170)

Die Einrichtung der Dritten Folge (171) hat an dieser Ausrichtung nichts geändert, sondern diese eher noch stärker hervortreten lassen (woraus man übrigens entnehmen kann, daß dieser formale Einschnitt vor allem wegen des oben erwähnten Hinzutretens der Mitherausgeber vorgenommen wurde): In einer Verlagsankündigung aus dem Jahre 1893 wurde es als Ziel der ‚Jahrbücher' bezeichnet, nicht nur im allgemeinen ‚der gebildeten Welt des In- und Auslands', sondern „speziell allen denen, welche berufen sind, an den Aufgaben der Wissenschaft wie der Gesetzgebung mitzuarbeiten, das ganze Material vorzulegen, um unser soziales und wirtschaftliches Leben richtig beurteilen und in der Entwicklung verfolgen zu können"(172). Die (seit 1898 erscheinende) ‚Volkswirtschaftliche Chronik' kennzeichnete die Grenze dieser Entwicklung: Als Beilage zu den ‚Jahrbüchern' – aber eben nicht mehr als deren integrierender Bestandteil – beschränkte sich diese auf eine allein über Fakten unterrichtende ‚wirtschaftliche Berichterstattung' und stellte damit nurmehr eine bloße Materialsammlung dar.

## 2. *Preis, Umfang und Erscheinungsweise*

Als in der zu Beginn unseres Jahrhunderts über die Höhe der Bücherpreise geführten Auseinandersetzung zwischen dem Deutschen Verlegerverein und dem Akademischen Schutzverein (173) K. Bücher als Wortführer der wissenschaftlichen Autoren darauf hinwies, daß die Durchschnittspreise einer Druckschrift seit 1870 (bis 1903) um etwa 29 % gestiegen seien, hielten die Verleger – in diesem Fall durch ihren Sprecher Gustav Fischer – dieser Behauptung die Preisentwicklung bei den ‚Jahrbüchern' entgegen: Trotz der bei gemischtem und wissenschaftlichem Satz um 74–100 % gestiegenen Druckkosten seien die Bücherpreise keineswegs immer gestiegen. „Der Preis der Jahrbücher . . .

170) Verlags-Ankündigung in Suppl. XII, Jena 1886, Innenseite des Rückumschlags.
171) Mit Band 56 ab Januar 1891 im Umfang von zunächst etwa 10 Bogen je Heft.
172) Verlags-Ankündigung in Supplement XXI, Jena 1893, Innenseite des Vorderumschlags.
173) Vgl. zu dieser Auseinandersetzung G. Wissowa: Buchhandel und Wissenschaft (in: ‚Jahrbücher' Bd 82, 1904, S. 218 ff.) sowie R. Liefmann: Der deutsche Buchhandel in der Kartellenquête (ebd Bd 83, 1904, S. 200 ff.).

betrug z.B. 1864 . . . 8 Mk für den Band von etwa 30 Bogen bei weitläufigem Drucke. Jetzt beträgt er für den Band von mindestens 70 Druckbogen 18 Mk, und dazu ist der Druck kompreß geworden. In Buchstaben umgerechnet stellt sich das Verhältnis so, daß 1864 100.000 Buchstaben 74 Pfg, 1903 dagegen nur 55 1/2 Pfg kosteten."(174) Dies entsprach einer Preisminderung um genau 25 %.

Der Eindruck, den dieses Beispiel vermittelt, verbessert sich noch, wenn man statt des Verhältnisses zwischen Preis und Zahl der Buchstaben die für den Leser leichter erkennbare Beziehung zwischen dem Listenpreis und dem für diesen angebotenen Bogenumfang herstellt. Die folgende Übersicht zeigt die Entwicklung dieser Relation während der hier betrachteten Periode. Es betrugen laut Liste (175)

(1) der Preis je Heft
(2) der Preis je Band à 6 Heften
(3) der Bogenumfang je Band
(4) der Preis je Bogen (ermittelt aus 2 und 3)

| *Jahre =* | *Band* | (1) | (2) | (3) | (4) | |
|---|---|---|---|---|---|---|
| *Φ* | *No* | *Mk/H.* | *Mk/Bd* | *Bg/Bd* | *Mk/Bg* | *rel.* |
| *1. Folge* | | | | | | |
| 1876/78 | 26- 31 | | 10,- | 27 | 0,370 | 100,0 % |
| 1879/80 | 32- 34 | | 12,- | 31 | 0,388 | 104,9 |
| *2. Folge* | | | | | | |
| 1880/88 | 35- 50 | 2,50 | 12,- | 36 | 0,333 | 90,0 |
| 1888/90 | 51- 55 | 2,80 | 14,- | 42 | 0,333 | 90,0 |
| *3. Folge* | | | | | | |
| 1891/93 | 56- 61 | 3,- | 14,- | 60 | 0,233 | 63,0 |
| 1894/99 | 62- 73 | 3,- | 15,- | 60 | 0,250 | 67,6 |
| 1900/03 | 74- 81 | 3,60 | 18,- | 70 | 0,257 | 69,5 |
| 1904/09 | 82- 93 | 4,- | 20,- | 84 | 0,238 | 64,3 |
| 1910/19 | 94-113 | 5,- | 24,- | 90 | 0,267 | 72,2 |

Nur am Rande sei zunächst auf die aus dieser Übersicht erkennbare Differenz zwischen dem Preis für ein Einzelheft und dem Preis für ein Jahresabonnement hingewiesen: Der Vorteil regelmäßigen Bezugs entsprach je Halbjahr (wenig-

174) K. Trübner (unter Mitw. v. G. Fischer): Wissenschaft und Buchhandel. Zur Abwehr. Denkschrift der Deutschen Verlegerkammer. Jena 1903, S. 103.

175) Ermittelt nach den Angaben bzw. dem Befund in den Heften der ‚Jahrbücher'.

# JAHRBÜCHER

FÜR

# NATIONALÖKONOMIE UND STATISTIK.

GEGRÜNDET VON

BRUNO HILDEBRAND.

HERAUSGEGEBEN

VON

DR. J. CONRAD,

PROF. IN HALLE A. S.,

IN VERBINDUNG MIT

DR. EDG. LOENING, PROF. IN HALLE A. S., DR. W. LEXIS, PROF. IN GÖTTINGEN, DR. H. WAENTIG, PROF. IN HALLE A. S.

III. FOLGE. 29. BAND.

VIERTES HEFT. APRIL 1905.

NEBST

VOLKSWIRTSCHAFTLICHER CHRONIK

MARZ 1905.

JENA,

VERLAG VON GUSTAV FISCHER.

1905.

Ausgegeben am 6. Mai 1905.

Monatlich erscheint ein Heft im Umfange von etwa 14 Bogen, 6 Hefte bilden einen Band mit Titel und Inhaltsverzeichnis. Jährlich erscheinen zwei Bände.

Preis d. Bandes im Umfange v. etwa 84 Bogen 20 M., eines einzelnen Heftes 4 M.

*Heftumschlag zu Band 84 (=III. Folge. 29. Band) Viertes Heft. April 1905.*

stens) dem Preis eines außerhalb des Abonnements erworbenen Heftes, demnach einem Sechstel des regulären Preises. – In unserem Zusammenhang wichtiger ist die Entwicklung von Preis und Umfang. Beide sind gestiegen, jedoch in unterschiedlichem Ausmaß: während der (im Abonnement zu zahlende) Bandpreis nicht ganz auf das Zweieinhalbfache (von *100* auf *240*) anstieg, vermehrte sich der (an der Zahl der Bogen gemessene) Umfang der ‚Jahrbücher' auf mehr als das Dreifache (von *100* auf *333,3*). Ausdruck dieses unterschiedlichen Steigungsmaßes war eine reale Preissenkung: der Preis je Bogen sank um mehr als ein Viertel (von *100* auf *72,2*).

Diese Preisentwicklung ist in zweifacher Hinsicht näher zu erläutern. Zum einen ist darauf hinzuweisen, daß der Listenpreis der ‚Jahrbücher' bis 1893 in unregelmäßigen Abständen und in unterschiedlichem Ausmaß dadurch modifiziert wurde, daß Supplemente geliefert wurden. Für diese bestand zwar kein aus dem Abonnement ableitbarer Bezugszwang; da die Supplemente jedoch zumindest im Anfang Beiträge enthielten, die eng mit den in den ‚Jahrbüchern' gerade behandelten Themen zusammenhingen, zum Teil sogar Fortsetzungen zu diesen darstellten, war ein Bezug der Supplemente kaum zu umgehen. Die für diese berechneten Bogenpreise entsprachen in der Regel den für die Zeitschrift zu zahlenden, lagen gelegentlich aber auch über diesen. Um die hierdurch bedingten Unregelmäßigkeiten auszuschalten, und weil die Supplemente in jedem Fall gesondert in Rechnung gestellt wurden, sind diese in die obenstehende Übersicht nicht aufgenommen worden.

Zum zweiten zeigt die in dieser Tabelle erkennbare Preisentwicklung, wenn man diese auf den Bogen bezieht, Stufen, die eindeutig mit den Übergängen auf eine jeweils neue Folge in Zusammenhang stehen. Und damit wird deutlich, daß diese Übergänge keineswegs nur durch inhaltliche oder redaktionelle Ausweitungen oder etwa durch eine Veränderung in dem Kollegium der Herausgeber verursacht wurden, sondern daß diese Einschnitte offenbar auch vom Verleger dazu benutzt wurden, preispolitische Maßnahmen vorzunehmen: während Fischer sich zunächst an den von Dufft 1876 festgelegten Listenpreis anschloß und diesen 1879 unwesentlich erhöhte, nahm er den Beginn der zweiten Folge zu einer zehnprozentigen Preissenkung zum Anlaß, die real noch dadurch unterstrichen wurde, daß während der Dauer dieser Folge zweimal – ab Band 43 (1884) und Band 51 (1888) – eine Vermehrung des Inhalts durch Verwendung kleinerer Typen bei gleichbleibender Bogenzahl ermöglicht wurde. Beim Übergang zur Dritten Folge senkte er den Preis noch einmal um 25 %, so daß dieser jetzt um ein Drittel unter dem ursprünglichen Listenpreis lag. Daß diese Maßnahmen in Zusammenhang mit den auch im Programm ausgesprochenen Bemühungen standen, der Zeitschrift weitere Verbreitung zu verschaffen, braucht nicht näher erläutert zu werden.

Hinsichtlich der Erscheinungsweise sei hier nur noch kurz darauf hingewiesen, daß die unter Hildebrand übliche Ausgabe von Doppelheften zunächst auch unter Conrad, wenn auch in vermindertem Umfang, beibehalten wurde: Bis in die Mitte der achtziger Jahre finden wir in der Regel zwei Doppelhefte im Jahr; erst die 1885 – in Conrads Rektoratsjahr – erfolgte Einrichtung einer zweiten (außerordentlichen) Professur für Nationalökonomie in Halle scheint dem Herausgeber die für eine regelmäßige Heftfolge nötige Entlastung gebracht zu haben – tatsächlich eingetreten ist diese allerdings erst seit Juli 1887.

### *3. Die Veränderung der Anteile am Gesamtumfang*

„Was die Conradschen Jahrbücher auszeichnet, ist vor allen Dingen ihre Vielseitigkeit. Nach allen Seiten baute Conrad die Zeitschrift aus und suchte sie durch immer neue Rubriken . . . zu vervollständigen."(176) Diese Bemühungen haben in jeder einzelnen ‚Rubrik' (oder ‚Abteilung') ihren Niederschlag gefunden, worauf im folgenden einzugehen sein wird. Sie sind insgesamt – und in der *alle* Rubriken betreffenden Wirksamkeit der hier zu besprechenden Veränderung auf den ersten Blick noch deutlicher erkennbar – auch darin zum Ausdruck gekommen, daß sich die Anteile der einzelnen Abteilungen am Gesamtumfang der Zeitschrift in der Zeit unter Conrad grundlegend verschoben haben.

Diese Gewichtsverlagerung soll hier zunächst zahlenmäßig dargestellt werden. Es betrug

(1) der Gesamtumfang eines Jahrgangs (à 2 Bänden)
  (a) gemessen an der Seitenzahl
  (b) im Verhältnis zum Gesamtumfang der Jahre 1879/80
(2) der prozentuale *Anteil* am Gesamtumfang (ermittelt nach dem jeweiligen Seitenumfang) für die *Rubriken*
  (a) Abhandlungen und ‚Nationalökonomische Gesetzgebung'
  (b) Miscellen und Volkswirtschaftliche Chronik
  (c) Literatur-Besprechungen, -Übersichten, Presseschau

176) K. Diehl: a.a.O. S. 755; statt von ‚Rubriken' wäre hier richtiger von ‚Fortsetzungsbeiträgen' innerhalb der gegebenen Rubriken zu sprechen.

im Durchschnitt der Jahre (177)

| | *(1)* total S. | rel. | *(2)* (a) % | (b) % | (c) % |
|---|---|---|---|---|---|
| 1879/80 | 1017 | *100,0* | 58,9 | 10,9 | 29,9 |
| 1880/88 | 1184 | 116,4 | 56,3 | 12,6 | 31,9 |
| 1888/90 | 1365 | 134,2 | 54,9 | 13,6 | 33,1 |
| 1891/94 | 1903 | 187,1 | 56,4 | 17,8 | 25,8 |
| 1895/97 | 1897 | 186,5 | 55,0 | 21,8 | 21,3 |
| *ohne ‚Volkswirtschaftliche Chronik'* | | | | | |
| 1898/99 | 1704 | 167,6 | 53,7 | 18,7 | 27,4 |
| 1904/09 | 1716 | 168,7 | 46,0 | 27,4 | 27,5 |
| 1910/14 | 1715 | 168,7 | 43,4 | 27,1 | 28,3 |
| *mit ‚Volkswirtschaftlicher Chronik'* | | | | | |
| 1898/99 | 2059 | 202,5 | 34,5 | 32,7 | 22,7 |
| 1904/09 | 2657 | 261,3 | 29,7 | 53,1 | 17,8 |
| 1910/14 | 2790 | 274,3 | 26,7 | 55,6 | 17,3 |

Die Zusammenfassung einzelner Rubriken der Zeitschrift zu den drei oben aufgeführten Gruppen kann in den beiden letzten Fällen ohne Einschränkungen inhaltlich begründet werden, und nach diesem Gesichtspunkt müßte die ‚Nationalökonomische Gesetzgebung (NöG)' eher zur Gruppe (b) als zu den ‚Abhandlungen' gestellt werden. Der Herausgeber selbst scheint bei der Gewichtsverteilung zwischen den einzelnen Abteilungen allerdings stets ‚Abhandlungen' und ‚NöG' gegeneinander abgewogen zu haben – eine stärkere Ausdehnung der einen Abteilung ist regelmäßig durch eine Einschränkung der anderen ausgeglichen worden. Aus diesem Grunde wurden beide Rubriken auch hier zusammengefaßt. Die Entwicklung, die mit dieser Tabelle dargestellt werden soll, würde jedenfalls kaum weniger deutlich hervortreten, wenn die ‚Nationalökonomische Gesetzgebung' (inhaltlich genauer) zur Gruppe (b) gekommen wäre.

Der Hauptzug dieser Entwicklung ist zunächst den ersten beiden Teilen der Tabelle zu entnehmen. Er liegt darin, daß das Schwergewicht, welches, wie

177) Eine Addition der unter 2a–2c aufgeführten Prozentzahlen ergibt in der Regel nicht genau 100 % – eine Ungenauigkeit, die durch die Zusammenfassung mehrerer Rubriken zu Gruppen und mehrer Bände zu Jahrgangs-Durchschnitten entstanden ist.

in der Hildebrandschen Periode, so auch in den ersten Jahren unter Conrad eindeutig bei den Abhandlungen gelegen hatte, zugunsten der Miscellen eingeschränkt worden ist. Während nämlich der Anteil der den literarischen Neuerscheinungen gewidmeten Rubriken im wesentlichen unverändert blieb, stieg der Anteil der in erster Linie als Materialsammlung vorgesehenen Abteilung 'Miscellen' nahezu auf das Dreifache an (bei Einbeziehung der Rubrik ‚NöG' wäre diese Gruppe immer noch um mehr als die Hälfte gewachsen), der Anteil der wissenschaftlich-monographischen Abhandlungen sank dagegen deutlich ab. Überspitzt könnte man diese Veränderung als eine Gewichtsverlagerung von den ‚diskutierenden' zu den ‚berichtenden' Abteilungen hin bezeichnen, ein Vorgang, der sich über die ersten dreißig Jahre der Conradschen Herausgebertätigkeit hingezogen hat.

Diese Gewichtsverlagerung ist in den ersten beiden Teilen der Tabellen freilich nur in Ansätzen erkennbar; in aller Deutlichkeit tritt sie erst dann hervor, wenn wir die seit 1898 mit der Zeitschrift gelieferte Beilage ‚Volkswirtschaftliche Chronik' in die Betrachtung einbeziehen. Diese Beilage enthielt eine ausschließlich referierende Berichterstattung über die hauptsächlichen wirtschaftlichen Ereignisse der Gegenwart und entsprach hiermit in bestimmter Hinsicht dem Bedürfnis, dem auch die Miscellen dienen sollten.

Die Frage, ob diese Beilage in dem Sinne als unmittelbarer Bestandteil der ‚Jahrbücher' aufzufassen ist, daß das Volumen der ‚Chronik' in deren Umfang einbezogen werden kann, muß zumindest äußerlich bejaht werden: die in den Verlagsprospekten und auf den Umschlagbroschuren der einzelnen Hefte enthaltenen Angaben über Umfang und Preis der Zeitschrift schlossen die ‚Chronik' immer ein; so war die Angabe, daß die ‚Jahrbücher' in den Jahren nach 1910 neunzig Bogen je Band enthalten sollten, einschließlich der etwa 36 Bogen für die ‚Chronik' zu verstehen, und für diesen Umfang wurde der Preis von 24 Mk je Band berechnet. In dieser Hinsicht unterschied sich die Behandlung der ‚Chronik' eindeutig von der bei den ‚Supplementen' eingehaltenen Praxis; diese wurden nämlich gesondert in Rechnung gestellt und waren in den Angaben über den Umfang der Zeitschrift nicht enthalten. Der Umstand, daß für die ‚Chronik' kein Abnahmezwang bestand, ändert nichts an der Tatsache, daß diese nach der Absicht des Verlegers und vor allem auch des Herausgebers – und das heißt, auch inhaltlich – als Bestandteil der Zeitschrift anzusehen war.

Gehen wir bei der Betrachtung der letzten Tabelle von diesem Gesichtspunkt aus, indem wir deren zweiten Teil durch den dritten ersetzen, dann zeigt sich die oben angedeutete Entwicklung in einer Deutlichkeit, die allein erst von einem wirklichen Umschwung sprechen läßt: Am Ende der hier betrachteten Periode entfiel auf die beiden ‚berichtenden' Abteilungen (Miscellen und Chronik) fast genau der Anteil, den vorher die erste, ihrem Charakter nach überwiegend ‚diskutierende' Gruppe (Abhandlungen und NöG) eingenommen hatte, eine Veränderung, die hauptsächlich zu Lasten dieser ersten Gruppe, erst in zweiter Linie auch auf Kosten der ‚Literatur'-Abteilungen vorgenommen worden ist.

## 4. *Der inhaltliche Ausbau der Hauptabteilungen*

### a) Abhandlungen, Supplemente und ‚Nationalökonomische Gesetzgebung'

Wenn wir auch für die Conradsche Periode versuchen, die in den ‚Jahrbüchern' veröffentlichten *Abhandlungen* in verschiedene Gruppen aufzuteilen, dann zeigt sich gegenüber der Zeit unter Hildebrand ein gänzlich verschiedenes Bild. Für diese Untersuchung ist hier wiederum ein zehnjähriger Zeitraum, der die Jahrgänge 1887 bis 1896 umfaßt, gewählt worden. Während dieser Zeit wurden in den ‚Jahrbüchern', wenn man die Fortsetzungen bereits (möglicherweise auch unter anderen Titeln) begonnener Artikel außer Betracht läßt, 145 Abhandlungen veröffentlicht. Diese lassen sich, wenn wir an die entsprechende Untersuchung der Zeit unter Hildebrand anknüpfen, auf die dort gebildeten Gruppen wie folgt aufteilen: Es finden sich

ca. 20 (statt 30) Abhandlungen über *historische* Themen,
ca. 20 (statt 35) Artikel zur nationalökonomischen *Theorie* (darunter 3 – statt 10 – ausschließlich zur Dogmengeschichte),
ca. 20 (statt 30) Untersuchungen hauptsächlich *statistischen* Inhalts und
ca. 85 (statt 35) Beiträge, die sich mit *aktuellen Problemen*, namentlich mit Fragen der gegenwärtigen Wirtschafts- und Sozialpolitik befaßten.

145 130

Neben der hier erkennbaren zahlenmäßigen Verschiebung gegenüber dem vorher untersuchten Zeitraum (1864–1873) haben sich unter Conrad auch der Charakter und die Bedeutung, in der diese Gruppen zueinander standen, verändert.

Die (wirtschafts-)*historischen* Abhandlungen, die Hildebrand als den Kern seiner Forscher- wie seiner Herausgebertätigkeit angesehen hatte und in den ‚Jahrbüchern' eindeutig in den Vordergrund stellte, traten hier deutlich zurück. In diesem Befund deutet sich zum Teil der Beginn einer allgemeinen Bewegung gegen die historische Richtung auch in der Volkswirtschaftslehre an: „‚Der Glaubenssatz, daß nur die Vergangenheit das Verständnis der Gegenwart erschließe, wird nicht mehr ungeprüft hingenommen.' . . . Diese Worte eines Juristen stellen die Quintessenz dessen dar, was man seitens der Gegner den historisch orientierten Staatswissenschaften vorwirft."(178) Dazu kam Conrads seit je distanzierte Haltung zu dieser Forschungsrichtung. Dabei kann man ihn, wie an anderer Stelle ausführlicher nachgewiesen wurde, zwar keineswegs als einen ‚Gegner der historisch orientierten Staatswissenschaften' ansehen; aber eine im Vergleich zur Zeit seines Lehrers und Vorgängers so geringe Zahl historischer Abhandlungen bleibt doch immerhin auffallend, zumal Conrad selbst – dies gilt nicht nur für den hier betrachteten Zeitraum – keinen einzigen wirtschaftshistorischen Beitrag in den ‚Jahrbüchern' veröffentlicht hat. Zum dritten ist schließlich daran zu denken, daß die ausdrücklich historisch ausgerichtete Nationalökonomie in dem von dem bedeutendsten Vertreter der ‚jüngeren Historischen Schule' herausgegebenen ‚Schmoller'schen Jahrbuch' inzwischen ein eigenes Organ gefunden hatte, gegen das Conrad sich nach Möglichkeit auch inhaltlich abgrenzen wollte.

So deutlich Conrad sich damit von der betont historischen Richtung absetzte, so wenig konnte er der streng theoretischen Richtung zugerechnet werden, und schon deshalb kann man die in den ‚Jahrbüchern' veröffentlichten Beiträge (wirtschafts-)*theoretischer* Art nicht als eine Reaktion gegen den Historismus ansehen. Von den 17 rein theoretischen Abhandlungen der Jahre 1887–1896 setzte sich der überwiegende Teil (11) mit der durch die Wiener Schule eingeschlagenen neuen Richtung der theoretischen Nationalökonomie auseinander – nicht, um gegen diese zu polemisieren, sondern offenbar allein in der Absicht, den Leserkreis der ‚Jahrbücher' auch mit dieser Entwicklung

178) G. Brodnitz: Die Zukunft der Wirtschaftsgeschichte (in: ‚Jahrbücher' Bd 95, 1910, S. 145 ff.), S. 145.

bekannt zu machen. Die Tatsache, daß hier sowohl Anhänger der Wiener Schule selbst (Menger, Böhm-Bawerk) als auch Vertreter eines zwischen dieser und den Historikern vermittelnden Standpunktes (Wagner, Dietzel, Kleinwächter) zu Worte kamen, unterstreicht diesen Eindruck.

Unter den *statistischen* Abhandlungen dieser Jahre sind an erster Stelle die unter dem (in der Tabelle nur einmal gezählten) Generaltitel ‚Agrarstatistische Untersuchungen' veröffentlichten sechs Beiträge zu nennen, in denen Conrad sich mit der Verteilung des Grundbesitzes in verschiedenen preußischen Provinzen befaßte. Die Agrarstatistik gehörte zu Conrads speziellen Forschungsgebieten; schon seine Dissertation und seine Habilitationsschrift sowie andere frühere, noch im Hildebrandschen Seminar entstandene Arbeiten waren diesem Bereich gewidmet (179). Wie in seinen anderen statistischen Untersuchungen hat er sich auch hier ausführlich mit den der eigentlichen statistischen Auswertung vorgelagerten methodischen Fragen der Materialsammlung und -Aufbereitung auseinandergesetzt. Der Schwerpunkt lag für ihn jedoch in der Frage nach der Anwendung der hier gewonnenen Erkenntnisse, und namentlich in seinen agrarstatistischen Untersuchungen „gab er gern gewisse Nutzanwendungen für Fragen der Agrarpolitik, . . . (wie sich umgekehrt) seine agrarpolitischen Arbeiten dadurch aus(zeichneten), daß sie immer ein besonders sorgfältig ausgewähltes statistisches Material darboten"(180). Dieser Blick auf die praktische Nutzanwendung zeichnet auch die anderen Abhandlungen dieser Gruppe aus, unter denen vor allem fünf Beiträge zur Bevölkerungsstatistik zu nennen sind. Als Beitrag zur Theorie der Statistik findet sich dagegen nur eine größere Rezension.

Gegenüber diesen drei Gruppen war die weit überwiegende Zahl der Abhandlungen Fragen von unmittelbar praktischem Interesse gewidmet. Dabei handelte es sich in etwa 25 Fällen um wirtschafts*kundliche* Beiträge, die den Leser mit neueren oder allgemein interessierenden Erscheinungen des Wirtschaftslebens bekannt machten, Fragen, die durchweg aus aktuellem Anlaß aufgenommen und in objektiver, wissenschaftlicher Betrachtungsweise erläutert wurden. Die Mehrzahl dieser Abhandlungen befaßte sich dagegen mit ‚schwebenden Fragen' der Wirtschafts*politik* (ca. 60 Beiträge), und wenn man bedenkt, daß zum Teil auch die soeben genannten wirtschaftskundlichen und die statisti-

179) Vgl. hierzu ausführlicher K. Diehl, a.a.O. S. 739 ff.
180) K. Diehl, a.a.O. S. 743.

schen Untersuchungen aus aktuellem wirtschaftspolitischem Anlaß entstanden waren, dann erkennt man, daß Conrad – im Gegensatz zu seinem Lehrer – hier, in der Stellungnahme zu wirtschaftlichen und sozialen Tagesfragen, die Hauptaufgabe der ‚Jahrbücher' erblickte. Und während die im folgenden noch darzustellenden Rubriken in erster Linie das dem Wissenschaftler wie dem Praktiker für ihre Meinungsbildung notwendige Material bereitstellen sollten, boten die Abhandlungen den Raum für die eigentliche Diskussion. Conrad selbst hat sich hieran in Hinblick auf die Agrarpolitik, besonders die seit 1879 eingeführten Getreidezölle beteiligt (181), und seine in den ‚Jahrbüchern' zu diesem Thema geäußerte Stellungnahme hat ihm 1891 den ehrenvollen Auftrag eingebracht, dem neuen Reichskanzler über dieses Thema Vortrag zu halten; der damalige Umschwung in der deutschen Getreidezollpolitik dürfte demnach wesentlich auch auf Conrads Einstellung zu dieser Frage zurückzuführen sein. – Neben diesem Bereich der Agrarpolitik waren zahlenmäßig am stärksten vertreten die Abhandlungen zur Sozial- (24), Finanz- (13), Währungs- (10) und Gewerbepolitik (8) – Themen, die in der damaligen Diskussion eindeutig im Vordergrund gestanden haben.

Die in den Abhandlungen erkennbare Hinwendung zu den ‚schwebenden wirtschaftlichen und sozialen Fragen' ist in eigentümlicher Weise auch in den schon oben erwähnten *Supplementen* vollzogen worden. Mit deren Einführung sollte eine Möglichkeit geschaffen werden, größere *wissenschaftliche* Abhandlungen zu veröffentlichen, die ihrem Inhalt nach als für die ‚Jahrbücher' geeignet erschienen (182). Diese Anforderungen sind in den ersten Heften durchaus erfüllt worden, wobei freilich schon hier die entschieden praxisorientierte Thematik auffällt. Die ersten vier Beiträge (1878–1880) befaßten sich mit Themen, die auch in anderen Zeitschriften oder in den ‚Jahrbüchern' selbst behandelt worden waren, und die Supplemente 5–7 (1880–1881) waren Teile einer in den ‚Jahrbüchern' (Bd 33, 1879) begonnenen Besprechung der ‚Tarifreform im Deutschen Reich . . . ', in der Conrad selbst die Einleitung und den Beitrag über die Agrarzölle übernommen, die Behandlung der wichtigsten anderen Tarifpositionen dann aber Fachleuten übertragen hatte. Und wie diese umfangreiche Stellungnahme zu den Bismarckschen Zollgesetzen unter thematischem Aspekt gleichsam als Auftakt zu dem in der Folgezeit in den ‚Jahrbüchern' vollzogenen Umschwung angesehen werden kann, so zeigte Conrad auch bei der Auswahl seiner Mit-

181) Vgl. hierzu im einzelnen ebenda S. 744 ff.
182) Vgl. die Vorbemerkung zum 1. Supplement-Heft, Jena 1878.

arbeiter hier zum ersten Mal eine neue Linie: Unter diesen befand sich neben dem Herausgeber selbst nur noch ein Hochschullehrer, daneben ein Seminarschüler Conrads und drei Handelskammer-Sekretäre.

Die beiden folgenden Hefte (1881 und 1884) lassen bereits eine veränderte Verwendung dieser Reihe erkennen: Conrad veröffentlichte hier zwei englische Gesetze (zur Sozialpolitik) in deutscher Übersetzung, die in den ‚Jahrbüchern' selbst bereits ausführlich erläutert worden waren, und die sich auf Bereiche der Sozialreformen bezogen, zu denen auch in Deutschland gesetzgeberische Maßnahmen erwartet wurden. In beiden Fällen wurden demnach die Supplemente nicht mehr für wissenschaftliche Abhandlungen, sondern als Ergänzungen zu der Rubrik ‚Nationalökonomische Gesetzgebung' benutzt. Die verbleibenden zwölf Supplement-Hefte sind in zehn Fällen für einen völlig anderen Zweck, nämlich zur Veröffentlichung eines jährlichen Berichtes über den ‚Zustand und Fortschritt der deutschen Lebensversicherungs-Anstalten im Jahre . . . ' verwandt worden. Diese anonym veröffentlichten Arbeiten, die seit dem Jahre 1849 erschienen, stammten aus der Gothaer Lebensversicherungsbank und waren bis zum Jahre 1883 im Bremer ‚Handelsblatt' erschienen (183). Ihr Autor war anfangs der Direktor dieser Bank, der Finanzrath Hopf, gewesen, der sich auch als Statistiker einen Namen gemacht und in dieser Eigenschaft verschiedene sächsische Staaten auf den Internationalen Statistischen Kongressen in Paris (1855), Wien (1857), London (1860) und Berlin (1863) vertreten hatte. Dieses Interesse an den statistischen Problemen des Versicherungswesens dürfte auch die erste Verbindung zu den ‚Jahrbüchern' hergestellt haben – Hildebrand berichtete bereits im ersten Band der Zeitschrift und noch einmal 1869 ausführlich über die Hopfschen Übersichten. Ein weiterer Grund dafür, diese Berichte, nachdem das Bremer Handelsblatt sein Erscheinen 1883 einstellte, in den ‚Jahrbüchern' fortzusetzen, dürfte in der wachsenden Bedeutung gesehen worden sein, die die seit den siebziger Jahren stark anwachsenden Versicherungsgesellschaften sowohl unter sozialpolitischem Aspekt wie auch als Kapitalsammelstellen unter volkswirtschaftlichen Gesichtspunkten gewannen. Schließlich könnten auch die Interessen des Verlegers an dieser angesehenen Chronik eine gewisse Rolle gespielt haben.

Daß Herausgeber und Verlag der Rubrik *'Nationalökonomische Gesetzgebung'* zumindest in den ersten Jahren unter Conrad besondere Bedeutung

183) Vgl. hierzu im einzelnen die Vorbemerkungen zu Supplement 10 und Supplement 17 sowie eine Rezension L. Elsters in ‚Jahrbücher' Bd 38, 1882, S. 230 ff.

beigemessen haben, ist nicht zuletzt an den ausführlichen Hinweisen auf diese Abteilung abzulesen, die in den Verlagsprospekten dieser Zeit enthalten waren. Schon bei einer flüchtigen Durchsicht der gleichzeitigen Jahrgänge der Zeitschrift wird man allerdings finden, daß die hierin enthaltenen Ankündigungen – das Material in ‚möglichster Vollständigkeit' zu bieten und namentlich die sozialpolitische Gesetzgebung einer ‚kritischen' Behandlung zu unterziehen – nur in sehr begrenztem Maße verwirklicht worden sind.

Eine Übersicht über ‚Die in Deutschland erlassenen wirtschaftlichen Gesetze und Verordnungen' erschien (für das Jahr *1879*) im 30. Band (also Anfang *1882*), und zwar in der Form, daß die einschlägigen Gesetze, soweit diese im Reichsgesetzblatt, im Centralblatt für das Deutsche Reich sowie in den Gesetz- und Verordnungsblättern der einzelnen Bundesstaaten veröffentlicht worden waren, mit ihren Titeln aufgeführt wurden. In sehr detaillierter Form ist diese Übersicht freilich allein von ihrem ersten Bearbeiter, L. Elster, geliefert worden. Spätere Mitarbeiter haben sich meist sehr viel kürzer gehalten; andere haben von vornherein keine Vollständigkeit erstrebt, dafür aber die aufgeführten Gesetze mit kurzen Erläuterungen begleitet. Von Vollständigkeit zu sprechen, war im übrigen auch deshalb wenig sinnvoll, weil im Grunde kaum zu definieren war, was alles zur ‚wirtschaftlich belangvollen Gesetzgebung' eines Landes gezählt werden mußte. Vollständigkeit wäre, genau genommen, gleichbedeutend mit einer unübersehbaren Fülle von Verordnungen, Bestimmungen und Erlassen aller Art gewesen, für die in den ‚Jahrbüchern' kein Raum vorhanden war und für deren Veröffentlichung an dieser Stelle auch deshalb keine Notwendigkeit bestand, weil der an vollständiger Information interessierte Leser ohnehin zu anderen Quellen griff. Unter diesem Gesichtspunkt waren die namentlich in den späteren Jahrgängen gebotenen Übersichten allenfalls als eine Auswahl auf diesem Gebiet anzusehen; die Überblicke über die *ausländische* Gesetzgebung beschränkten sich von vornherein auf bestimmte Teilgebiete.

Die im Grunde noch weitergehende Ankündigung einer ‚kritischen Behandlung namentlich der sozialpolitischen Gesetzgebung' ist in dieser Rubrik noch weniger erfüllt worden. Allenfalls in den achtziger Jahren erschienen in unmittelbarem Zusammenhang zur laufenden Gesetzgebung umfangreiche Kommentare, kritische Stellungnahmen oder etwa vergleichende Untersuchungen zur entsprechenden ausländischen Gesetzgebung. Ähnliche Beiträge finden sich dann zwar auch noch in den späteren Jahrgängen, nur handelte es sich dabei keineswegs immer um die ‚hauptsächlichsten Maßnahmen der volkswirtschaftlichen Gesetzgebung'. Diese wurden vielmehr zunehmend in der ersten Abteilung der ‚Jahrbücher', nämlich in der Form eigenständiger Abhandlungen, veröffentlicht, und in dieser – nicht nur formalen – Verschiebung liegt der Hauptgrund für die abnehmende Bedeutung dieser Rubrik, im übrigen auch eine Erklärung dafür, daß diese Abteilung vom Herausgeber offenbar eher den Abhandlungen, als den ‚berichtenden' Abteilungen zugerechnet wurde.

Als eine besondere Ergänzung zu den regelmäßigen Übersichten über die ‚wirtschaftlichen Gesetze und Verordnungen', die im Laufe der Zeit zum Hauptbestandteil dieser Rubrik wurden, ist die laufende Berichterstattung über die Sitzungen der ‚Kommission für die zweite Lesung des Entwurfs eines Bürgerlichen Gesetzbuches' zu erwähnen, die in den Bänden 56 (1891) bis 66 (1896) veröffentlicht wurde. In diese Kommission war Conrad als volkswirtschaftlicher Sachverständiger berufen worden (184), und es ist ihm dabei gelungen, die von den beiden Schriftführern der Kommission, den Assessoren Greiff und v. Jecklin, angefertigten Protokolle zur Veröffentlichung in seinen ‚Jahrbüchern' zu gewinnen.

b) Miscellen und ‚Volkswirtschaftliche Chronik'

„Die Rubrik Miscellen ist berufen, eine Ergänzung zu den anderen zu bilden."(185) Mit dieser knappen Bemerkung wurde die Aufgabe einer Abteilung umschrieben, deren Anteil am Gesamtumfang der ‚Jahrbücher', selbst wenn man die ‚Volkswirtschaftliche Chronik' zunächst außer Betracht läßt, während der Conradschen Periode auf mehr als das Doppelte gestiegen ist. Diese Entwicklung als Anzeichen einer zunehmenden Ergänzungs*bedürftigkeit* der anderen Rubriken zu deuten, ginge an der allgemeinen Aufgabe vorbei, die Herausgeber und Verleger den ‚Jahrbüchern' namentlich seit der Einrichtung der ‚Neuen Folge' (Juli 1880) gesetzt hatten: Statt sich, wie früher, „an den kleinen Kreis der Fachmänner ... (zu wenden), haben ... (die Jahrbücher) sich in der ‚Neuen Folge' die Aufgabe gestellt, zugleich den Anforderungen des größeren Publikums Rechnung zu tragen, indem sie keine volkswirtschaftliche Tagesfrage von einiger Wichtigkeit unberücksichtigt lassen." (186) Bei der Erfüllung dieser Aufgabe war eine räumliche Ausweitung der Berichterstattung „über alles, was Wissenschaft und Praxis des In- und Auslandes auf dem Gebiete der Volkswirtschaft bieten"(187), nicht zu umgehen,

184) Vgl. hierzu K. Diehl, a.a.O. S. 760 f.
185) Verlags-Prospekt aus dem Jahre 1889 (in Supplement 15).
186) Ebenda.
187) Ebenda.

und hierin findet die Erhöhung des Anteils dieser Rubrik zumindest eine äußerliche Erklärung. Zugleich stellte sich damit aber die Frage, wie – namentlich in den Miscellen und in der ‚Chronik' – die Auswahl aus dem ‚unendlich zerstreuten, überaus umfangreichen Material' vorgenommen werden sollte, um hier – ‚in Ergänzung zu den anderen Rubriken' – den ‚Anforderungen des größeren Publikums'(188) zu genügen. Unter diesem Aspekt verdient neben der inhaltlichen die formale Gestaltung der hier zu besprechenden Abteilung besonderes Interesse.

Wir wenden uns, um diese Frage zu untersuchen, zunächst allein den *Miscellen* zu. Diese lassen sich bis zur Einführung der Chronik (1898) inhaltlich, wenngleich nach außen hin nicht auf den ersten Blick erkennbar, in zwei Gruppen aufteilen: auf der einen Seite *einmalige Mitteilungen* in der Art, wie sie üblicherweise in dieser Rubrik zu finden sind und wie sie schon Hildebrand hierfür vorgesehen hatte, indem dieselbe „einzelne nationalökonomische und statistische Tatsachen, kürzere Untersuchungen und Gesichtspunkte, die für weitere Forschungen fruchtbar gemacht werden können, in Umlauf setzen (sollte)"(189); auf der anderen Seite *regelmäßig wiederkehrende Berichterstattung* über verschiedene Bereiche des wirtschaftlichen und sozialen Geschehens.

Die erste Gruppe war inhaltlich leicht als eine Ergänzung zu den ‚Abhandlungen' zu erkennen. Hier wie dort lag das Schwergewicht auf den wirtschaftlichen und sozialen Problemen der Gegenwart, während historische und theoretische Fragen kaum – in den Miscellen noch weniger als in den Abhandlungen – behandelt wurden. Ein Unterschied zeigte sich in dieser Hinsicht nur darin, daß in den Miscellen die unmittelbar zur Entscheidung anstehenden wirtschaftspolitischen Fragen *nicht diskutiert* wurden. Vielmehr kam ihre ergänzende Funktion deutlich darin zum Ausdruck, daß hier das für die (in den Abhandlungen vorgenommene) kritische Behandlung jener Fragen notwendige Material *bereitgestellt* wurde – die einzelnen Beiträge bekamen damit oft einen auf andere Zwecke bezogenen und in diesem Sinne unfertigen, werkstattmäßigen Charakter, in gleicher Weise, wie unter Hildebrand die (ebenfalls als Miscellen veröffentlichten) Mitteilungen seines statistischen Büros als nationalökonomisches Forschungsmaterial gedacht waren.

Freilich wurde die Aufgabe, die Abhandlungen zu ergänzen, nicht in dem Sinne aufgefaßt, daß in den Miscellen allein das Material ausgebreitet wurde,

188) Gemeint sind die Anforderungen an eine *wissenschaftliche* Zeitschrift.
189) ‚Jahrbücher' Band 1, 1863, Vorwort S. 2.

welches zur unmittelbaren Begründung oder Erläuterung der Abhandlungen zu dienen bestimmt war. Die Auswahl der Themen erfolgte vielmehr zunächst unabhängig davon, welche Fragen in den Abhandlungen untersucht wurden; und da es sich bei den Miscellen meistens um kürzere Beiträge, oft nur um bloße statistische Tabellen handelte, finden wir unter den hier angesprochenen Verhältnissen eine weitaus größere Vielfalt, als in jener ersten Hauptabteilung, wenngleich auch hier die gleichen Schwerpunkte zu erkennen sind: die mit der Reichsbildung und dem Übergang vom Agrar- zum Industriestaat verbundenen Probleme wie etwa Reichswährung und -Finanzen, Sozialversicherung, Getreideversorgung aus eigenen und fremden Quellen. Daneben fanden hier auch vergleichsweise unbedeutende, scheinbar isolierte, in ihrer Summe das Gesamtbild aber doch entscheidend mitbestimmende Einzelheiten, wie etwa die Lage einzelner Wirtschaftszweige, Ergebnisse einschlägiger Kongresse, Berichte über die Entwicklung auf ausländischen Absatz- oder Rohstoffmärkten oder die Ergebnisse der immer zahlreicheren Zweige der volkswirtschaftlich relevanten Statistik, namentlich der großen Bevölkerungs-, Berufs- und Gewerbezählungen.

Der Vielfalt der Themen entsprach die Verschiedenartigkeit der benutzten Quellen. Ein Grund dafür, gerade auch bei den Miscellen Fachleute aus der Praxis heranzuziehen, dürfte für Conrad darin gelegen haben, daß diese nicht nur über die unmittelbare Anschauung, sondern auch über Quellen verfügten, die einem weiteren Kreis (und besonders den Wissenschaftlern) oft unbekannt oder jedenfalls unzugänglich waren. Dies gilt nicht nur für Material, das aus der Wirtschaft selbst stammte oder von den Verbänden der Privatwirtschaft zusammengestellt wurde, sondern auch für das halbamtliche und amtliche Quellenmaterial etwa der Sparkassen, Kranken- und Versicherungsanstalten, Genossenschaften, der statistischen Ämter, der Kommunalverbände, Ministerien und anderen Regierungsstellen. In Hinblick auf die hier benutzten Quellenarten bieten die Miscellen der ‚Jahrbücher' auch heute noch geradezu eine Fundgrube für den historisch interessierten Leser, und es gehört zu den bleibenden Verdiensten Conrads, dieses Material herangezogen und damit bekannt gemacht zu haben.

Als besondere Materialgruppe ist hier schließlich noch die wissenschaftliche Literatur zu nennen. Eine nicht geringe Zahl von Miscellen bestand aus Rezensionen oder hatte zumindest doch eine Neuerscheinung zum Anlaß. Diese ‚versteckten' Besprechungen, die in den Inhaltsverzeichnissen in aller Regel nicht als Rezensionen angezeigt waren, sind ein Grund dafür gewesen, daß der eigentliche Besprechungsteil der ‚Jahrbücher', wie noch zu zeigen sein wird, in der Zeit unter Conrad an Umfang sehr stark abgenommen hat.

Daß eine *vollständige* Unterrichtung über die wirtschaftlichen und sozialen Tagesfragen hier nicht zu erreichen war, bedarf keiner Erläuterung. Eine wesentliche Ergänzung in diese Richtung erhielt der bisher beschriebene, aus *einmaligen* Mitteilungen bestehende Teil der Miscellen allerdings durch eine Reihe von Veröffentlichungen, die in mehr oder weniger *regelmäßiger Wiederkehr* als Miscellen veröffentlicht wurden und die, wenn man sie regelmäßig las und dabei miteinander verglich, nicht mehr nur einen – meist notwendig begrenzten – Ausschnitt aus dem Fluß des wirtschaftlichen Geschehens boten, sondern dieses in seiner Entwicklung verfolgen ließen; statt jener ‚statischen' Unterrichtung finden wir hier die Ansätze zu einer ‚dynamischen' Berichterstattung.

Zum Teil handelte es sich auch bei diesen Miscellen um bloße statistische Zusammenstellungen. Genannt seien hier die tabellarischen Darstellungen über die Schwankungen des Diskonts, der Silberpreise und der Kurse einiger Hauptwährungen – Indikatoren, die Rückschlüsse auf die Währungs- und damit Konjunktur-Entwicklung gestatten –, über den Außenhandel verschiedener europäischer Staaten, die ‚Güterbewegungen der deutschen Eisenbahnen', die ‚gewerblichen Arbeitseinstellungen' in verschiedenen Ländern oder schließlich statistische Zusammenstellungen über die Haushalts-Etats des Deutschen Reichs, der einzelnen deutschen Teilstaaten und europäischer Nachbarländer. Daneben finden sich, den benutzten Quellen entsprechend, überwiegend kommentierende Zusammenfassungen, wie etwa die auf Verbandsberichten und Presseveröffentlichungen beruhenden Angaben über ‚Die großen Berliner Effektenbanken im Jahre . . . ' oder die den jährlichen Berichten an den Reichsfinanzminister entnommenen ‚Ergebnisse der preußischen Einkommenssteuer im Jahre . . . '.

Umfangreicher nach Inhalt und Quellen, in ihrer ursprünglichen Form teilweise in die Hildebrandsche Zeit zurückreichend und (in Hinblick auf die Absicht regelmäßiger Berichterstattung) zweifellos als der Kern dieser Versuche anzusehen waren vier ‚Berichtsreihen', die wegen ihrer zentralen Funktion in der Abteilung Miscellen und weil sie damit als die unmittelbaren Vorläufer der gleich zu behandelnden ‚Volkswirtschaftlichen Chronik' gelten können, hier etwas ausführlicher dargestellt werden sollen.

Schon im dritten Band der ‚Jahrbücher' (1864) hatte der damals in Hamburg arbeitende Professor Laspeyres Untersuchungen über die *Preisentwicklung* veröffentlicht, die sich auf die Preise Hamburger Importe – und dabei auf ältere Forschungen des Hamburger Handelskammer-Sekretärs A. Soetbeer – stützten und von Hildebrand in erster Linie wohl wegen der dabei offenbar gewordenen statistischen Problematik solcher Untersuchungen aufgenommen worden waren. Diese Untersuchungen sind in den Jahren 1874 und 1882 anhand desselben, in den ‚Tabellarischen Übersichten des Hamburgischen Handels' fortgeführten Materials von Conrad-Schülern – Paasche, van der Borght – wieder aufgenommen und mit zum Teil veränderten statistischen Methoden fortgesetzt worden. Schließlich benutzte Conrad selbst die Hamburger Preisnotierungen zunächst zu einer Untersuchung über die allgemeine Preisreduktion während der achtziger Jahre, und „seitdem haben wir alljährlich die Preise des vergangenen Jahres mit den Vorjahren verglichen, um festzustellen, wie die Preisbewegung sich weiter entwickelt hat"(190). Dabei beschränkte sich Conrad nicht auf die bloße Entwicklung des Preisniveaus, sondern er verband diese Reihenuntersuchung bald mit seinen agrarstatistischen Forschungen, indem er sich besonders der Entwicklung der Getreidepreise zuwandte, hieraus und durch weitere eigene oder von Fachleuten angestellte Untersuchungen den Umfang und die Modalitäten der Deckung des deutschen Getreidebedarfes ermittelte und auf dieser Grundlage schließlich seine agrarpolitischen Ansichten entwickelte.

Eine zweite, in den ‚Jahrbüchern' ebenfalls schon früh (seit 1865) benutzte Quelle für eine regelmäßige Berichterstattung waren die deutschen *Handels- und Gewerbekammerberichte*, in denen die Verbandsvorstände dieser Zusammenschlüsse weiter Teile der Privatwirtschaft über die wirtschaftliche Entwicklung und die Probleme ihrer Bezirke jährlich zu berichten hatten. Dieses umfangreiche Quellenmaterial ist schon früh auch von anderen Zeitschriften – seit 1848 im (Preußischen) Handelsarchiv, seit 1861 in der Zeitschrift des kgl. preuß. statistischen Bureaus – ausgewertet und seit 1880 unter dem Titel ‚Das deutsche Wirtschaftsjahr' vom Deutschen Handelstag in selbständiger Form veröffentlicht worden (191). In den ‚Jahrbüchern' wurde dieses Material zum Zwecke *regelmäßiger* Berichterstattung zum ersten Mal wieder 1890 – ‚Zur wirtschaftlichen Bewegung von Handel und Industrie in Deutschland von 1884–1888'(192) – von dem damals als Syndikus der Kölner Handelskammer tätigen Conrad-Schüler R. van der Borght, in den folgenden Jahren (von demselben) dann allerdings nur eingeschränkt in der Wei-

190) ‚Jahrbücher' Band 72, 1899, S. 642.
191) Vgl. die Besprechung des 2. Jahrg. in Bd 40, 1883, S. 292 f.
192) In ‚Jahrbücher' Bd 54, 1890, S. 500 ff.

se benutzt, daß die meist weniger bekannten gutachtlichen Teile der Handelskammer-Berichte „in Bezug auf einzelne bestimmte Fragen von Jahr zu Jahr in Kürze (dargestellt wurden)"(193).

Die zuerst für die späteren siebziger Jahre (194) veröffentlichten Besprechungen der *‚Jahresberichte der deutschen Gewerbeaufsichtsbeamten'* verdienen hier auch deshalb besondere Erwähnung, weil sie den Lesern der ‚Jahrbücher' Einblick in eine Quelle besonderen Ranges boten: „Nicht nur auf ihrem engsten und eigentlichen Arbeitsgebiet, für die Durchführung der Arbeiterschutzgesetzgebung, sondern überhaupt für die Erforschung der Verhältnisse der Arbeiterschaft sind sie eine Quelle reichhaltiger Belehrung. Was die wissenschaftliche Einzelforschung nie erreichen kann und was auf dem Wege der Enquête nur sehr schwer erreichbar ist, wird hier geleistet: eine ständige, ... von den gleichen Gesichtspunkten ausgehende objektive Beobachtung ... Die einzelnen wissenschaftlichen Arbeiter oder die zu gemeinsamer Forschung verbundenen Gelehrten verfügen nicht über Mittel, örtlich und zeitlich so ausgedehnte Beobachtungen anzustellen, wie sie die einheitlich organisierte Gewerbeinspektion pflichtmäßig vorzunehmen hat und tatsächlich auch vornimmt."(195)

Als vierte Reihe regelmäßiger Berichterstattung sind hier schließlich die Berichte über ‚Die finanziellen Ergebnisse der deutschen *Aktiengesellschaften* im Jahre ...' zu nennen, die in den ‚Jahrbüchern' seit 1880, anfangs ebenfalls in mehrjährigen Abständen, seit Beginn der neunziger Jahre meist jährlich, ergänzt durch entsprechende Berichte über die Gesellschaften mit beschränkter Haftung, erschienen.

Daß die im Rahmen dieser wiederholten Berichterstattung gebotenen Übersichten und Zusammenstellungen einem ‚zweifellosen Bedürfnis' entsprochen hatten, zeigte sich in der 1898 beginnenden Veröffentlichung der *‚Volkswirtschaftlichen Chronik'*, mit der diese Gruppe regelmäßiger Berichte ihr Ende fand. Dieser unmittelbare Übergang jener ‚Berichtsreihen' in die ‚Chronik' läßt erkennen, daß jener Teil der Miscellen tatsächlich als eine Art wirtschaftlicher Informationsdienst gedacht war, zeigt zugleich aber auch, daß die ‚Chronik' diese Miscellen fortzusetzen bestimmt war. Und es lag unter diesen Umständen nahe, auf die Kenntnisse und Erfahrungen, die man sich

193) In ‚Jahrbücher' Bd 56, 1891, S. 412.
194) In ‚Jahrbücher' Bd 34, 1880, für 1877/78.
195) Besprechung W. Kählers für die Jahre 1901/02 in Bd 79, 1902, S. 680.

bei deren Bearbeitung erworben hatte, bei der Erstellung der ,Chronik' zurückzugreifen. Daß dies in erheblichem Umfang geschehen ist, kann man anhand der hier benutzten (und angegebenen) Quellen vielfältig belegen.

Hiervon abgesehen, konnte man sich an Vorläufern freilich nur in sehr begrenztem Umfang ausrichten. Das im Ausland, namentlich England, traditionsreiche Gebiet der wirtschaftlichen Wochenschriften war in Deutschland nie gepflegt worden; und ebenso wenig gab es hier allgemeine wirtschaftliche Übersichten über längere Zeiträume, wie sie etwa für Ungarn jährlich von K. Madello (,Rückblicke auf die Entwicklung der ungarischen Volkswirtschaft im Jahre . . .'), für Österreich quartalsweise von E. Blau (,Volkswirtschaftliche Chronik von Österreich-Ungarn') oder unter weltwirtschaftlichem Aspekt von dem Wiener Statistiker F. X. v. Neumann-Spallart (,Übersichten der Weltwirtschaft') schon seit Beginn der achtziger Jahre herausgegeben wurden.

Allein für einzelne Zweige des Wirtschaftslebens gab es auch in Deutschland umfangreichere Berichterstattung, so für den Börsenhandel (,Saling's Börsenjahrbuch'; ,Jahrbuch der Berliner Börse' aus der Redaktion des ,Berliner Aktionär') oder für das Versicherungswesen (196). Gerade diese Versicherungspresse war freilich – bei aller Bedeutung dieses Wirtschaftszweiges für die allgemeine wirtschaftliche Entwicklung – oft sehr einseitig orientiert, wie ja auch die Jahresberichte der Handelskammern oder der Interessenverbände einzelner Wirtschaftszweige, die Bilanzveröffentlichungen der Kapitalgesellschaften, die Publikationen der Gewerkschaften und ,Arbeitersekretariate', kommunaler Stellen oder was sonst für die laufende Berichterstattung noch in Frage kam, notwendig nur unter begrenzten Gesichtspunkten erfolgten, dazu in ihrer Qualität ungleichmäßig und für Zwecke umfassender Unterrichtung in der Regel jedenfalls kaum miteinander vergleichbar waren. Noch 1903 fand ein Rezensent einschlägiger Publikationen, daß im allgemeinen ,,die Orientierung über das gegenwärtige Wirtschaftsleben einstweilen bei uns recht mangelhaft entwickelt ist"(197).

Das trotz alledem ,weithin empfundene Bedürfnis' nach einer solchen Berichterstattung zeigte weiterhin die Tatsache, daß in diesen Jahren neben unserer ,Chronik' gleich zwei weitere Reihen gegründet wurden, die dem-

196) Vgl. hierzu im einzelnen ,Die Versicherungs-Zeitungen und Zeitschriften in Deutschland' (in: ,Jahrbücher' Bd 32, 1879, S. 128 ff.) sowie L. Elsters Sammelbesprechung von 13 einschlägigen Organen (in: ,Jahrbücher' Bd 38, 1882, S. 230 ff.).

197) ,Jahrbücher' Bd 81, 1903, S. 409.

selben Zweck, freilich auf anderen Wegen, zu dienen suchten (198). Das seit 1906 von E. v. Halle herausgegebene Jahrbuch *,Die Weltwirtschaft'* hatte seinen Gegenstand sehr weit gefaßt: In drei Bänden – ,Internationale Übersichten', ,Die einzelnen Industrien Deutschlands' und ,Das Ausland' – wurde hier von einer größeren Zahl von Mitarbeitern nicht nur über die wirtschaftliche Entwicklung selbst, sondern auch über deren Zusammenhang mit Politik, Verwaltung und sozialen Problemen berichtet. Daß bei einer solchen Vielzahl möglicher Aspekte nicht nur die Übersichtlichkeit notwendig vermindert, sondern vor allem auch die Gefahr heraufbeschworen wurde, das Prinzip einer einheitlichen Fragestellung und einheitlicher Darstellung der behandelten Themen aufzugeben; daß die Mitarbeiter, soweit sie Beamte waren, die administrativen Aspekte oder die gesetzgeberischen Probleme vor der wirtschaftlichen Seite der Dinge sahen; daß die Berichte über die einzelnen Länder lose aneinandergereiht wurden, ohne daß die gegenseitigen Wechselbeziehungen aufgedeckt wurden oder auch nur eine vergleichende Übersicht gegeben worden wäre – diese Mängel wurden schon in der Rezension des ersten Jahrgangs dieses Jahrbuchs hervorgehoben.

Im Gegensatz hierzu verfolgte R. Calwer in seinem Jahrbuch *,Das Wirtschaftsjahr'* das Prinzip strenger Konzentration und einheitlicher Zusammenfassung. In kurzen Abschnitten behandelte er nach einer allgemeinen Übersicht den Gang der Industrie, die Lage des Arbeitsmarktes, dann die Börse, das Bankwesen, Handel und Verkehr sowie Einkommen und Konsum. Als der Hauptmangel dieses – im übrigen sehr positiv bewerteten – Unternehmens wurde

198) Vgl. zum folgenden:
(1) Besprechung des Calwerschen Jahrbuchs ,Handel und Wandel' (1. Jahrg. 1900) von J. Wernicke (in: ,Jahrbücher' Bd 80, 1903, S. 101 f.).
(2) Besprechung der erweiterten Fassung desselben – R. Calwer, Das Wirtschaftsjahr 1902 – von F. Eulenburg (in: ,Jahrbücher' Bd 81, 1903, S. 409 ff.).
(3) ,Calwers Wirtschaftsjahr für 1903', bespr. v. F. Eulenburg (ebd. Bd 84, 1905, S. 397 ff.).
(4) ,Wirtschaftliche Berichterstattung für 1905', bespr. v. F. Eulenburg (Calwer, Das Wirtschaftsjahr 1905; Die Weltwirtschaft, hrsg. v. E. v. Halle, 1. Jahrg. 1906) (in: ,Jahrbücher' Bd 86, 1906, S. 672 ff.).
(5) E. v. Halle: Einige methodologische Bemerkungen hinsichtlich der wirtschaftlichen Berichterstattung (= Entgegnung auf Eulenburgs letzte Besprechung) (in: ,Jahrbücher' Bd 87, 1906, S. 397 ff.).
(6) F. Eulenburg: Die wirtschaftliche Berichterstattung der letzten Jahre in Deutschland und ihre Methoden (,Die Weltwirtschaft', 2. Jahrg. 1907; ,Das Wirtschaftsjahr 1905 und 1906'; ,Volkswirtschaftliche Chronik für das Jahr 1907') (in: ,Jahrbücher' Bd 91, 1908, 642 ff.).

der Umstand hervorgehoben, daß hier das Dilemma zwischen Aktualität und Vollständigkeit sowie Zuverlässigkeit der Berichte weitgehend nicht zu lösen war: Daß Calwer einen besonderen Wert in einer möglichst frühen Veröffentlichung seiner Übersichten sah, ist verständlich; das für die einzelnen Teile notwendige Material stand jedoch unterschiedlich schnell zur Verfügung, so daß nicht nur einzelne Teile umfassender und sorgfältiger behandelt werden konnten, als andere, sondern daß auch das abgerundete Bild, das notwendig erst nach Verwertung und Abwägung des gesamten Materials entstehen kann, hier nicht geliefert wurde: „Aber der Unterschied zwischen einer schnell unterrichtenden Monatsschrift ... und einer Jahresübersicht wie bei Calwer ist doch der, daß im ersten Fall durchaus ein *Momentbild* genügt, daß man im letzten Falle aber unter allen Umständen ein *Gesamtbild* haben will: nur dieses hat Wert, nur dieses gestattet auch ein Urteil über die Gesamtverhältnisse und über die tieferliegenden Verursachungen, auf die es doch in erste Linie ankommt."(199)

Die ‚*Volkswirtschaftliche Chronik*' erschien, im Gegensatz zu den beiden genannten Jahrespublikationen, mit jedem Monatsheft der Conradschen Jahrbücher, und in dieser monatlichen Erscheinungsweise lagen die entscheidenden Unterschiede zu jenen Jahresberichten begründet. Zunächst brauchte die Chronik, indem sie in so kurzen Abständen erschien, dem Anspruch, ein abgerundetes Gesamtbild zu liefern, nicht zu genügen; sie konnte sich vielmehr auf ein in jedem Fall schneller zu erstellendes Momentbild beschränken und damit zugleich den großen Vorzug hoher Aktualität bewahren (200). Hiermit unmittelbar verbunden war ein zweiter Unterschied: In der Chronik konnte wegen des äußerst engen Betrachtungszeitraums im Grunde keine Stellung bezogen, Kritik geübt oder sonstwie gewertet werden; man beschränkte sich vielmehr – und dies entsprach genau der Stellung und Funktion dieser Beilage innerhalb der ‚Jahrbücher' – auf die Mitteilung objektiver Tatsachen. Und hierbei war man – dies ist der dritte Unterschied – auf anderes Material angewiesen, als es für einen Jahresbericht ausgewertet werden kann: Die monatliche Berichterstattung muß sich der Quellen bedienen, die laufend – täglich oder wöchentlich – über den Gang der Wirtschaft Aufschluß geben. Folglich waren es in erster Linie nicht die – im Prinzip letztlich auch aus solchen Quellen schöpfenden – zum Jahresschluß zusammengestellten Berichte und Übersichten anderer Institutionen, die in der Chronik verwertet wurden, sondern die Primärquellen selbst, die die wirtschaft-

199) F. Eulenburg, a.a.O. Bd 86, 1906, S. 674.
200) Die Chronik erschien regelmäßig zwei Monate nach dem Berichtszeitraum.

liche und soziale Entwicklung unmittelbar zum Ausdruck brachten: täglich an den Börsen ermittelte Kurs- und Preisnotierungen für Wertpapiere, Wechselkurse, Edelmetalle und andere Waren, wöchentliche Ausweise der europäischen Notenbanken, regelmäßige Situationsberichte von den maßgeblichen Warenmärkten des In- und Auslandes, die laufende Verfolgung des Arbeitsmarktes, daneben schließlich eine große Zahl von Tageszeitungen und wöchentlich oder monatlich erscheinenden wirtschaftlichen Fachzeitschriften – kurzum Primärmaterial, das allein auch heute noch der Unternehmer und der Politiker benutzen muß, wenn er sich ein objektives Bild vom Wirtschaftsgeschehen seiner Zeit machen will.

Über die Entwicklung des Umfangs der Chronik gibt die Tabelle Aufschluß, die im dritten Kapitel dieses Teils (s.o. S. 81) besprochen wurde; auch hierin zeigte sich, daß Verleger und Herausgeber mit dieser Erweiterung der ‚Jahrbücher' offenbar einem Bedürfnis ihrer Leser entsprachen. Sachlich war die Beilage in sieben, später in neun Gruppen aufgeteilt, von denen die Berichte über ‚Geld, Kredit und Währung' den weitaus größten Raum in Anspruch nahmen, und eine Kritik würde ohne Zweifel auch auf diese einseitige Betonung eines Teilaspektes hinweisen müssen. Freilich eignen sich gerade die auf diesem Gebiet regelmäßig anfallenden Daten wegen ihrer leichten statistischen Faßbarkeit besonders gut für eine kurzfristige Berichterstattung dieser Art; außerdem erlauben Diskontsätze, Devisen- und Aktienkurse eher als viele andere Indices Rückschlüsse auf die konjunkturelle Entwicklung. Und mit diesem Hinweis kann man auch einen anderen möglichen Kritikpunkt wenigstens teilweise entkräften: Bei der Fülle des hier benutzten Materials stellte sich notwendig die Frage nach der Auswahl der in der Chronik zu veröffentlichenden Fakten. Vollständigkeit konnte nicht verlangt werden, wohl aber ein repräsentativer Überblick. Zum Teil ließ sich auch dies wiederum durch eine Reduzierung in statistische Übersichten verwirklichen.

Innerhalb der Grenzen, die der Chronik als einer *monatlichen* Berichterstattung gesetzt waren, ist sie von der Kritik im einzelnen – etwa in der Behandlung der statistischen Methode – wie in der ganzen Anlage sehr vorteilhaft beurteilt worden (201), und dies verdient umso mehr hervorgehoben zu werden, als dieses Urteil auf einem Vergleich mit Publikationen beruhte, die von vornherein und ausschließlich zu dieser Art der Berichterstattung bestimmt waren. Die Chronik war dagegen die Beilage zu einer wissenschaftlichen Zeit-

201) Vgl. besonders F. Eulenburg, a.a.O. Bd 91, 1908, S. 655.

schrift. Und als solche muß sie als ein ebenso origineller wie die Wirtschaftswissenschaft bereichernder Beitrag zum nationalökonomischen Zeitschriftenwesen bezeichnet werden.

c) Literaturberichte

In den ‚Jahrbüchern' ist an drei Stellen über literarische Neuerscheinungen auf dem Gebiet der Wirtschafts- und Sozialwissenschaften berichtet worden:

(1) in der Rubrik *‚Literatur'*,
(2) in der *‚Übersicht* über die neuesten Publikationen Deutschlands und des Auslandes' und
(3) in der Zusammenstellung ‚Die periodische *Presse* des Auslandes' bzw. ‚. . . Deutschlands'.

Der Anteil dieser Abteilung insgesamt am Umfang der ‚Jahrbücher' lag, wenn wir deren Seitenzahl ohne die ‚Volkswirtschaftliche Chronik' zugrundelegen, während der Zeit unter Conrad regelmäßig zwischen 25 und 30 % und damit deutlich höher als unter Hindebrand, woraus die Bedeutung abzulesen ist, die Conrad auch der literarischen Berichterstattung beimaß. Anders als sein Vorgänger hat er für diese allerdings mehrere Formen gewählt, die, wenngleich hier eine gegenseitige Ergänzung stattfand, doch als eigenständige Rubriken behandelt wurden. Daher sollen diese hier auch getrennt dargestellt werden.

Mit der Rubrik ‚Literatur' knüpfte Conrad an die von Hildebrand übernommene dritte Hauptabteilung an. Dies zeigte sich schon äußerlich daran, daß allein diese Rubrik anfangs mit 23,7 % (Ø 1878/80) am Gesamtumfang der Zeitschrift weit vor den beiden anderen Literatur-Rubriken und überhaupt nach den Abhandlungen an zweiter Stelle stand. Man kann dieses Schwergewicht wiederum als einen Hinweis darauf werten, daß Conrad an die zunehmend praxisorientierte Ausrichtung, die die Zeitschrift später erfuhr, zunächst nicht gedacht hat oder diese jedenfalls nur schrittweise vollziehen wollte.
Auch inhaltlich knüpfte er an die bestehende Tradition an. In der Mehrzahl finden wir ausführliche Einzelrezensionen, daneben in größerem Umfang auch wieder Sammelbesprechungen, wie sie Hildebrand ursprünglich als die Regel für diese Abteilung vorgesehen hatte und wie sie in den achtziger Jahren in

den Verlagsprospekten als solche auch angekündigt wurden: „In der zweiten (Rubrik): ‚Literatur' werden in größeren oder kleineren Zwischenräumen die neuesten Publikationen über einzelne Gegenstände von allgemeinem Interesse zusammengefaßt, und die Resultate der Diskussion kritisch behandelt."(202)

Conrad hat dieser ‚gruppenweisen Behandlung' nicht nur überhaupt wieder größeren Raum gewidmet, sondern er hat dieses Prinzip durch die Einführung regelmäßiger ‚Reihen' von Gruppenbesprechungen anfangs sogar noch stärker hervortreten lassen. Zunächst nahm er die auch unter Hildebrand schon geführte, seit Beginn der siebziger Jahre aber zunehmend vernachlässigte Reihe ‚Nationalökonomische Literatur in der periodoschen Presse' wieder auf und ließ hier, bis sich in der ‚Presseschau' eine neue Form für diesen Zweig seiner Literatur-Information gefunden hatte, aus dem ‚Economist', der ‚New-Yorker Handelszeitung' und dem ‚Journal des Economistes' berichten. Neu war eine (zuerst im 30. Band vertretene) Reihe, in der „wir es unternehmen, mit Hilfe der Autoren selbst vollständige Übersichten der Arbeiten hervorragender Männer unserer Wissenschaft . . . zu liefern"(203). In dieser Reihe sind insgesamt sechs Bibliographien erschienen. Offenbar fehlte es bald an dem hierbei vorausgesetzten ‚Entgegenkommen der betreffenden Herren', und auch die hier gebotenen Übersichten waren (wie eine Überprüfung der Schriften A. Soetbeers ergab) unvollständig: Es wurde nicht nur ungenau (‚mehrere kleine Veröffentlichungen in . . . Zeitschriften'), sondern offensichtlich auch lückenhaft berichtet, abgesehen davon, daß die Bibliographien notwendig dadurch unvollständig waren, daß es sich um das Schrifttum noch lebender Autoren handelte. – Größer angelegt war eine Reihe, in der die Historiker K. Lamprecht und R. Hoeniger (zuerst in Band 40, 1883) über ‚Die wirtschaftsgeschichtlichen Studien in Deutschland im Jahre . . . ' (zuerst für 1882) berichteten. Vorbild waren die seit 1878 im Auftrag der Historischen Gesellschaft zu Berlin herausgegebenen ‚Jahresberichte der Geschichtswissenschaft', in der – wie in ähnlichen Übersichten rein philologischen Ursprungs – die Wirtschaftsgeschichte durch keine eigene Abteilung vertreten war, so daß Wirtschaftshistoriker oder historisch interessierte Nationalökonomen sich die für sie relevante Literatur aus diesen Bibliographien mühsam heraussuchen mußten (204). Die hier gebotenen Jahresübersichten sollten diese Umschau

202) Prospekt in Supplement XII, Jena 1886, hint. Umschlag.
203) ‚Die bisherigen Publikationen Cliffe Leslie's' (in: ‚Jahrbücher' Bd 30, 1878, S. 329 ff.), S. 329, Anm.
204) Vgl. K. Lamprecht's Vorbemerkung zum ersten Bericht dieser Art in Bd 40, 1883, S. 230 f.

erleichtern, über das Geleistete informieren und Lücken in der bisherigen Forschung erkennen lassen. Diese Reihe ist freilich nur über zwei Jahre fortgesetzt worden – der letzte Beitrag erschien im 45. Band (1885, für 1884); sie fand später in der ,Vierteljahresschrift für Sozial- und Wirtschaftsgeschichte' ein zweifellos geeigneteres Publikationsorgan. – An vierter Stelle sei hier noch einmal auf die schon früher erwähnten regelmäßigen Besprechungen der Handelskammerberichte und der Berichte der Gewerbeinspektoren hingewiesen, die anfangs teilweise in dieser Rubrik erschienen, später dagegen in den Miscellen, wohin sie sachlich auch gehörten.

Den Rückgang, den diese Rubrik in den achtziger Jahren erfuhr, kann man zum Teil damit begründen, daß eine gewisse Anzahl der Buchbesprechungen zunehmend auch in anderen Rubriken – bei den Miscellen und in der ,Nationalökonomischen Gesetzgebung' – veröffentlicht wurde. Wichtiger dürfte freilich der Umstand gewesen sein, daß an die Stelle dieser ausführlichen kritischen Rezensionen neue Formen der literarischen Berichterstattung traten, so daß jener Rückgang in erster Linie innerhalb dieser Gesamtabteilung ,Literatur-Berichte' kompensiert worden ist. Zahlenmäßig kann man dies eindeutig belegen: Während nämlich sowohl der Anteil dieser Gesamtabteilung wie der der ,Presseschau' am Umfang der ,Jahrbücher' im wesentlichen gleich geblieben ist, sank der der bisher besprochenen Rubrik ,Literatur' von (Ø 1879/80) 23,7 % auf (Ø 1910/14) 5,1 % zurück; in entsprechendem Ausmaß stieg das Gewicht der ,Übersicht über die neuesten Publikationen Deutschlands und des Auslandes'.

In seiner Zusammenstellung des ,bibliographischen und literarisch-kritischen Apparats der Sozialwissenschaften' bemerkte W. Sombart über diese ,Übersicht' der ,Jahrbücher': „(sie) ist wohl die vollständigste der periodisch erscheinenden Literaturübersichten, die wir besitzen", aber „. . . sie entbehrt der Übersichtlichkeit. Seit vielen Jahren werden die aufgeführten Büchertitel in dieselben 13 Rubriken eingeordnet und verschwinden hier für die Mehrzahl der Leser für immer."(205) In der folgenden Darstellung sollen die in diesem Urteil angesprochenen Gesichtspunkte – der inhaltliche Aspekt und die Frage der Erschließung der in der ,Übersicht' angezeigten Literatur – näher untersucht werden; vorausgeschickt sei auch hier wieder ein kurzer Blick auf die ,Ausgangssituation'.

205) W. Sombart: Der bibliographische und literarisch-kritische Apparat der Sozialwissenschaften (in: Archiv für Sozialwissenschaft und Sozialpolitik, NF, Bd 1, Tübingen 1904, S. 224 ff.), S. 242 f.

Daß Hildebrand – entgegen der Ankündigung im Vorwort des ersten Bandes der ‚Jahrbücher' – in Wirklichkeit wohl kaum ernsthaft beabsichtigt und jedenfalls gar nicht erst den Versuch gemacht hat, in den Rubriken ‚Literatur' und ‚Eingesendete Schriften' eine auch nur annähernd ausreichende Übersicht über die laufenden literarischen Neuerscheinungen seines Faches zu bieten, kann damit begründet werden, daß diese Leistung in der ersten Hälfte der sechziger Jahre bereits in anderen Zeitschriften in vorzüglicher Weise erbracht wurde. Die statistische Literatur wurde in wohl kaum zu überbietender Vollständigkeit in der Bibliothek des kgl. preuß. Statistischen Büros gesammelt und seit 1860 in dessen Zeitschrift veröffentlicht. Zu gleichem Rang entwickelte sich die als Beiheft zum ‚Arbeiterfreund' veröffentlichte ‚Bibliographie der Arbeiterfrage', die bald die Literatur zur Sozialen Frage insgesamt einschloß. Über die Neuerscheinungen auf dem Gebiete der Landwirtschaft wurde (auf Grund ministeriellen Erlasses !) seit 1861 vierteljährlich in den ‚Annalen der Landwirtschaft' berichtet. Vor allem aber enthielt die ‚Zeitschrift für die gesamte Staatswissenschaft' schon seit 1848 eine umfangreiche ‚Staatswissenschaftliche Bücherschau', die – in den sechziger Jahren jedenfalls – von Mitarbeitern der Universitäts-Bibliothek Göttingen bearbeitet wurde.

Diese Bücherschau ist in der Tübinger Zeitschrift bis 1870 erschienen, und zwar seit 1867 in der Bearbeitung von W. Müldener, ‚Secretair der k. Universitätsbibliothek Göttingen', der seit den fünfziger Jahren bereits eigene Bibliographien zur historischen, geographischen, statistischen und ökonomischen Literatur herausgab. Als er diese seit 1871 in selbständigen Ausgaben erscheinen ließ, stellte die Tübinger Zeitschrift ihre Bücherschau ein; die Herausgeber mögen sich hierzu umso mehr bewogen gefühlt haben, als seit 1868 auch von Seiten einer Verlagsbuchhandlung – Puttkammer & Mühlbrecht in Berlin – eine zweimonatliche ‚Übersicht der gesamten staats- und rechtswissenschaftlichen Literatur' erschien.

Die Hoffnung, die sich namentlich seitens der Wissenschaft auf diese Unternehmen richten mochten, sind freilich kaum erfüllt worden. Müldener's Bibliographien wurden nach wenigen Jahren eingestellt, und da die Mühlbrechtschen Übersichten aus bloßen alphabetischen Titel-Zusammenstellungen bestanden, die einer vereinheitlichenden Redaktion (was bei den unterschiedlichen bibliographischen Quellen nötig gewesen wäre) offenbar nicht unterzogen worden waren, konnte auch „(diese Bibliographie) irgend welchen wissenschaftlichen Wert nicht beanspruchen"(206). Unter diesen Umstän-

206) Besprechung in Bd 44, 1885, S. 484.

den bestand, als Conrad die ‚Jahrbücher' übernahm, durchaus ein Mangel an einer umfassenden und zugleich irgendwie gegliederten nationalökonomischen Literatur-Übersicht.

Diesem Mangel hat Conrad mit seiner Bücherschau in umfassender Weise abzuhelfen gesucht. Über die einzelnen Stadien des Übergangs von der von Hildebrand übernommenen mehr oder weniger sporadischen Anzeige ‚eingesendeter Schriften' zur ‚Übersicht' der späteren Jahre braucht hier im einzelnen nicht gesprochen zu werden. Der Übergang vollzog sich – offenbar unter maßgeblicher Mitarbeit des von 1880 bis 1883 in Halle als Privatdozent lehrenden K. Elster – in den Jahren 1879 bis 1883; die gegenüber der Hildebrandschen Zeit entscheidende Neuerung bestand darin, daß für die Zusammenstellung der Literatur statt der zufälligen Zusendungen nunmehr bibliographische Werke herangezogen wurden, wodurch zumindest dem Anspruch auf eine repräsentative Auswahl genügt werden konnte. Die Durchführung dieser Veränderung, die zunächst bei der ausländischen Literatur (seit 1881), ein Jahr später auch für die deutsche Literatur erfolgte, läßt sich an der Zahl der angezeigten Titel sehr gut erkennen; diese betrug in den Rubriken

(1) ‚Eingesendete Schriften'
(2) ‚Übersicht über die neuesten Publikationen ... '
 (a) deutschsprachige Literatur
 (b) fremdsprachige Literatur

in den Jahren

| Jahr | = Band | (1) E. S. | (2) Übers. (a) | (2) Übers. (b) | zusammen jährlich |
|---|---|---|---|---|---|
| 1879 | 32 | 83 | – | – | 151 |
| | 33 | 68 | – | – | |
| 1880 | 34 | 95 | – | – | 216 |
| | 35 | 121 | – | – | |
| 1881 | 36 | 109 | – | 390 | 1011 |
| | 37 | 168 | – | 344 | |
| 1882 | 38 | – | 240 | 360 | 1135 |
| | 39 | – | 154 | 381 | |
| 1883 | 40 | – | 205 | 311 | 1216 |
| | 41 | – | 472 | 228 | |
| 1886 | 46 | – | 424 | 485 | 1738 |
| | 47 | – | 467 | 362 | |
| 1887 | 48 | – | 434 | 391 | 1797 |
| | 49 | – | 598 | 374 | |

Wenden wir uns dem Inhalt der ‚Übersicht' zu, dann ist zunächst festzuhalten, daß diese im Prinzip nicht über Zeitschriftenliteratur berichtete; hierfür war eine weiter unten zu besprechende eigene Rubrik vorgesehen. Bei der ausländischen Literatur lag das Schwergewicht der Anzeigen bei zwei Gruppen: In der Hauptsache wurden Monographien, und zwar überwiegend solche wissenschaftlichen Inhalts, angezeigt. Daneben finden sich in erheblichem Umfang amtliche Publikationen: in erster Linie die offiziellen statistischen Quellenwerke nahezu aller europäischen Staaten, daneben Veröffentlichungen einzelner Ministerien sowie Erhebungen und Berichte parlamentarischer Untersuchungskommissionen – Publikationen also, wie sie in England unter dem weiten Begriff der ‚Parliamentary Papers' zusammengefaßt werden.

Zeigte sich nun hier schon deutlich das Bestreben, neben den Wünschen der wissenschaftlich interessierten Leser auch dem Bedarf eines in Verwaltung, Wirtschaft und Politik tätigen Publikums entgegenzukommen, so gilt dies in weit höherem Maße für die in der ‚Übersicht' gebotene Auswahl von Titeln aus dem deutschen Sprachgebiet. Insgesamt kann man das hier angezeigte Material in drei Gruppen einteilen. Den größten Raum als Einzelgruppe nahm die statistische Literatur ein. Neben den offiziellen Quellenwerken des statistischen Reichsamts, der Länder und der kommunalen statistischen Büros finden wir hier eine Fülle weiterer Publikationsformen – Jahrbücher und Mitteilungen statistischer Vereine und Behörden, Berichte über wissenschaftliche oder amtliche Erhebungen, Hof- und Staatskalender, Handbücher, Quellennachweise, Wirtschaftsberichte, Ortslexika –, und entsprechend groß war die inhaltliche Information, die hier geboten wurde. Eine zweite Gruppe bildete natürlich auch hier die wissenschaftlich Literatur, die – wie bei den fremdsprachigen Werken – über alle Gruppen der Übersicht verteilt war. An dritter Stelle ist die wirtschaftlich unmittelbar relevante Literatur zu nennen, bei der wiederum drei Schwerpunkte zu erkennen sind. Einen erstaunlich großen Raum nahmen zunächst kurze Gelegenheitsschriften aller Art ein: Broschüren, Flugschriften, Vorträge, Denkschriften und (als Separatdrucke veröffentlichte) Zeitungs- und Zeitschriftenaufsätze, in denen zu wirtschafts- und sozialpolitischen Tagesfragen Stellung genommen wurde. In den siebziger und achtziger Jahren sind diese unmittelbaren Äußerungen des wirtschaftlichen und sozialen Lebens in zahlreichen Reihen veröffentlicht worden, die allein solchen Abhandlungen und Stellungnahmen gewidmet waren – so etwa in den ‚Deutschen Zeit- und Streitfragen', den ‚Sozialen Fragen', den ‚Sozialen Fragen und Antworten', den ‚ Sozialen Streitfragen', den ‚Zeitfragen des christlichen Volkslebens', der ‚Eckstein'schen Flugschriftensammlung' oder den ‚Frankfurter zeitgemäßen Broschüren'. Dieses in der Regel schwer zugängliche (und jedenfalls selten systematisch gesammelte) Material finden wir in den ‚Übersichten' der ‚Jahrbücher' ausführlich angezeigt. Eine zweite schwerpunktmäßig vertretene Literaturgattung waren die ‚Jahr-' und regelmäßig erscheinenden ‚Handbücher', die zum Teil der allgemeinen Unterrichtung über einzelne Bereiche des öffentlichen Lebens und besonders der Wirtschaft dienten, teilweise von Interessenverbänden herausgegeben wurden. Hierher gehören auch die bei der Darstellung der ‚Volkswirtschaftlichen Chronik' erwähnten jährlichen Überblicke über die Wirtschaft insgesamt oder einzelne Branchen – Börse, Versicherung, Handel, Verkehr – sowie die Handelskammerberichte, die wir hier in großer Zahl angezeigt finden. Einen dritten Schwerpunkt bildete schließlich die juristische Literatur, die, in die Gruppen ‚Gesetzgebung' und ‚Staats- und Verwaltungsrecht' gegliedert, als sinnvolle Ergänzung der Rubrik ‚Nationalökonomische Gesetzgebung' zu betrachten war.

Der Wert einer solchen Übersicht wird dadurch bestimmt, ob und in welchem Ausmaß die Ansprüche der Leser, für die sie bestimmt sind, hierin befriedigt werden. Wenn Herausgeber und Verleger ihr Leserpublikum nicht nur unter den Wissenschaftlern, sondern gerade auch unter den an der Wirtschafts- und Gesellschaftspolitik interessierten und hierin tätig mitwirkenden ‚Verwaltungsbeamten, Kaufleuten, Industriellen und Landwirten' suchten, und wenn gerade diesen eine Hilfe dabei geboten werden sollte, ‚sich eine eigene Ansicht über die nationalökonomischen Probleme der Gegenwart zu bilden', dann durften in einer solchen Übersicht gerade diese schwer greifbaren, unmittelbar aus dem Wirtschaftsleben kommenden und dieses ihrerseits vielleicht mitformenden Gattungen literarischer Produktion nicht fehlen – umso weniger, als sie (nicht zuletzt gerade auch nach Conrads Auffassung) vor allem auch dem Wissenschaftler beim Studium gegenwärtiger Probleme unumgängliches Quellenmaterial sein sollten. Die ‚Übersicht' ist bestimmt keine vollständige Bibliographie im Sinne einer ‚Anzeige jeder irgend in Betracht zu ziehenden Schrift' gewesen. Vergleicht man sie aber mit dem Literaturteil konkurrierender Zeitschriften, dann wird man dort nicht entfernt gleiches finden. Und wenn man die hier gebotene Materialfülle – schon 1886/87 wurden jeweils etwa 1800 Titel angezeigt – mit den Mühlbrechtschen Übersichten vergleicht, die das *gesamte* Gebiet der Staatswissenschaften und des Rechts umfaßten – 1886/87 verzeichnete Mühlbrecht jeweils etwa 3800 Titel –, dann dürfte Sombarts eingangs zitiertes Urteil, die hier gebotene Bibliographie sei die vollständigste unter den periodisch erscheinenden Literatur-Übersichten, zu Recht bestehen

Die zweite Bemerkung Sombarts bezog sich auf die Art der Erschließung der in der ‚Übersicht' angezeigten Literatur. Diese erfolgte seit 1882 (Band 39) durch eine Aufteilung der Titel in die folgenden dreizehn Gruppen:

(1) Geschichte. Enzyklopädisches. Lehrbücher. Spezielle theoretische Untersuchungen.
(2) Geschichte und Darstellung der wirtschaftlichen Kultur.
(3) Bevölkerungslehre und Bevölkerungspolitik.
(4) Bergbau. Land- und Forstwirtschaft. Fischereiwesen.
(5) Gewerbe und Industrie.
(6) Handel und Verkehr.
(7) Finanzwesen.
(8) Geld-, Bank-, Kredit-, Versicherungswesen.
(9) Soziale Frage.
(10) Gesetzgebung.
(11) Staats- und Verwaltungsrecht.
(12) Statistik (geographisch unterteilt).
(13) Verschiedenes.

Diese Anordnung empfand Sombart als ‚unübersichtlich', und er wünschte, „es möchte den Anforderungen der fortschreitenden Wissenschaft entsprechend der Stoff reicher gegliedert werden"(207). Dieser Kritik könnte man zunächst entgegenhalten, daß die Aufgliederung, zahlenmäßig gesehen, einen durchaus beachtlichen Differenzierungsgrad aufwies: Die am Ende der achtziger Jahre im Durchschnitt angezeigten 1800 Titel waren auf zwölf Hefte, und hierin auf jeweils dreizehn Gruppen aufgeteilt, so daß in jeder Gruppe je Heft nicht mehr als durchschnittlich 11–12 Titel verzeichnet wurden. Sombart richtete sich aber offenbar nicht gegen solche zahlenmäßigen Verhältnisse. Der Mangel der Gliederung lag für ihn darin, daß diese nicht ‚der fortschreitenden Wissenschaft' entsprach; und schon 1893 bat er den ‚Herrn Bibliographen dieser Zeitschrift' darum, er möchte „den Intentionen der wissenschaftlichen Forschung sich soweit anschließen, daß . . . (die ‚Jahrbücher' in ihrer ‚Übersicht') mehr Rücksicht als bisher auf die Stichwörter legen, unter denen wissenschaftliche Probleme abgehandelt zu werden pfle-

207) W. Sombart: a.a.O. S. 243.

gen"(208). Um die Berechtigung der Sombartschen Kritik zu prüfen, ist zunächst zu untersuchen, in welcher Weise die in der ‚Übersicht' angezeigten Titel den einzelnen Hauptgruppen zugeordnet wurden, ob also Sombarts Tadel im Detail zu Recht besteht.

In der obenstehenden Gruppierung finden wir

(1) in einer Reihe von ‚Kerngruppen' (No. 3–9) die Hauptbereiche des wirtschaftlichen und des wirtschaftlich wesentlich mitbestimmten gesellschaftlichen Lebens erfaßt,
(2) die einleitenden Gruppen (No. 1–2), die allgemeine Werke und die allgemeinere sowie historische Literatur zum Fach selbst aufnehmen,
(3) die an den ‚Kern' anschließenden Gruppen (No. 10–12), die schließlich Spezialgebieten vorbehalten bleiben, die für das praktische Wirtschaftsleben – Recht – sowie für dessen Darstellung und Untersuchung – Statistik – von herausragender Bedeutung sind.

Der Wert einer solchen Einteilung für Zwecke der Literaturerschließung zeigt sich erst in der Praxis. Und wenn man die ‚Übersicht' der ‚Jahrbücher' daraufhin untersucht, wie hier die angezeigten Titel in die Hauptgruppen eingeordnet worden sind, dann zeigt sich, daß einer eindeutigen und einheitlichen – gelegentlich überhaupt auch einer richtigen – Einordnung offenbar Schwierigkeiten entgegenstanden. Wie weit bei der Redaktion der Wille bestand, diese Mängel zu beseitigen, kann hier nicht festgestellt werden; immerhin muß man annehmen, daß den Bearbeitern diese Probleme aufgefallen sind. Freilich kennt jeder, der mit der Literaturerschließung in der hier besprochenen Form beschäftigt gewesen ist, die Schwierigkeiten, die sich bei dem Bemühen um eindeutige und einheitliche Zuordnung einstellen. Gerade aus dieser Erfahrung wird man, bevor man aus jenen Mängeln eine Kritik ableitet, nach den Hilfsmitteln, deren sich die Bearbeiter bei der Erstellung der ‚Übersicht' bedienen konnten, und nach den Grenzen fragen, die ihnen hierbei gesetzt waren.

Dabei zeigte sich zunächst, daß ein Teil der Unzulänglichkeiten bei der Zuordnung offenbar auf den Umstand zurückgeführt werden mußte, daß die angezeigten Bücher den Bearbeitern der ‚Übersicht' nicht vorgelegen haben, diese sich bei der Einordnung also allein nach den Titelangaben der benutzten bibliographischen Hilfsmittel richten konnten. Hieraus entstehende Män-

208) W. Sombart: (Sammelbesprechung) Zur neueren Literatur über Hausindustrie (in: ‚Jahrbücher' Bd 61, 1893, S. 736 ff. u. S. 894 ff.), S. 934.

gel waren, solange man auf Autopsie verzichten mußte, unvermeidbar – selbst Spezialkenntnisse konnten die hier begründete Fehlerquote immer nur geringfügig einschränken. Und wenn man davon ausgeht, daß das Arbeiten mit Bibliographien für die Redaktion der einzige Weg war, die ‚Übersicht' in der vorgelegten Reichhaltigkeit überhaupt zu erstellen, dann wird man den aufgezeigten Mangel in Kauf nehmen.

Ein weiterer Grund dafür, daß eine eindeutige, sachlich korrekte Zuordnung der Titel häufig nicht zustande kam, lag darin, daß in der Regel keine Mehrfacheintragungen vorgenommen wurden. Beispielsweise wurde das Buch von C. W. A. Baeck: ‚Die eingeschriebenen freien Hilfskassen, systematisch dargestellt . . . ' sachlich zutreffend in der Gruppe 9 ‚Soziale Frage' angezeigt. Bei Mehrfacheintragungen hätte man, ohne das Buch eingesehen zu haben, eine zweite Anzeige in der Gruppe 8 ‚Geld-, Bank- und Kreditwesen' vornehmen müssen; bei genauer Kenntnis des Buches, das eine vollständige Darstellung der Gesetzgebung über die freien Hilfskassen enthält, wäre eine dritte Eintragung in der Gruppe 10 ‚Gesetzgebung' erforderlich gewesen. Daß man sich auf eine einmalige Anzeige beschränkte, mag in der grundsätzlich getroffenen Entscheidung begründet gewesen sein, den knapp bemessenen Raum dafür zu verwenden, eine möglichst große Zahl von Titeln überhaupt zur Anzeige zu bringen, dabei die inhaltliche Erschließung aber auf die Zuordnung zu einer der genannten Gruppen zu beschränken. Daß damit der Informationswert der ‚Übersicht' weiter eingeschränkt wurde, indem der gezielt suchende Leser darauf angewiesen war, mehrere Gruppen durchzusehen, liegt auf der Hand.

Der vom Standpunkt der Literaturerschließung entscheidende Mangel der ‚Übersicht' lag jedoch in dem Umstand, daß das hier benutzte Gliederungsschema in zahlreichen Fällen mehrere Zuordnungsmöglichkeiten anbot. Hierfür sind in der Hauptsache zwei Gründe zu nennen. Zum einen waren die einzelnen Gruppen inhaltlich teilweise nicht klar voneinander abgegrenzt. Zwischen den ‚Kerngruppen' (3–9) waren die Möglichkeiten hierzu allerdings weniger groß, da hier Bereiche des konkreten Wirtschaftslebens angesprochen wurden, die in der Realität deutlich voneinander unterschieden waren – man könnte diese ‚Kerngruppen' deshalb auch als ‚*Real*gruppen' bezeichnen. Immerhin gab es hier bereits Überschneidungen zwischen den Gruppen 3 ‚Bevölkerungslehre und -politik' und 9 ‚Soziale Frage'. Durch die Einrichtung der diesen ‚Kern' gleichsam umgebenden weiteren Gruppen wurde diese Verwirrung vergrößert. Historische Darstellungen einzelner Wirtschaftszweige finden sich sowohl in der Gruppe 2 ‚Geschichte und Darstellung der wirtschaftlichen Kultur', als auch in den jeweils angesprochenen Gruppen 3–9. Entsprechendes gilt für die Literatur zu juristischen Problemen, und gleicherweise verteilen sich die Anzeigen statistischer Publikationen keineswegs nur auf die Gruppe 12 ‚Statistik', sondern auf alle Gruppen 1–13.

Die geringe Brauchbarkeit dieses Gliederungsschemas für Zwecke eindeutiger Literaturerschließung lag jedoch nicht allein in der mangelhaften *inhaltlichen* Abgrenzung der Gruppen gegeneinander, sondern weiterhin auch darin begründet, daß hier unter *logischen* Gesichtspunkten *unterschiedliche* Bereiche als *Ordnungs*elemente *gleichwertig* nebeneinandergestellt wurden: Neben den (konkrete Wirtschaftsbereiche erfassenden) ‚*Real*'-Gruppen (Landwirtschaft, Bergbau, Gewerbe, Handel usw.) standen gleichwertig mehrere ‚*Formal*'-Gruppen (Geschichte, Recht, Statistik). Es war nicht die Einrichtung beider Gruppen an sich, die diese als in Hinblick auf eine eindeutige und übersichtliche Literaturerschließung problematisch erscheinen ließ, sondern der Umstand, daß beide Gruppen gleichwertig nebeneinander benutzt werden konnten. Die hieraus hervorgehende Unsicherheit ist offensichtlich: Die einzelnen Bände der amtlichen ‚Statistik der Güterbewegung auf deutschen Eisenbahnen' wurden sowohl in der Gruppe 12 ‚Statistik', als auch unter 6 ‚Handel und Verkehr' eingeordnet; ein offizielles ‚Hof- und Staatshandbuch des Königreichs Württemberg' stand in der Gruppe 12, ein entsprechendes Werk für die österreichisch-ungarische Monarchie unter 11 ‚Staats- und Verwaltungsrecht' – sachlich hätte man in beiden Fällen zunächst in der Gruppe 2 ‚Geschichte und Darstellung der wirtschaftlichen Kultur' gesucht; ebenso waren die ‚Verwaltungsberichte' einzelner Kommunen hier nur ausnahmsweise, obwohl sachlich richtig, eingeordnet, während sie überwiegend, offenbar formalen Aspekten folgend, in die Gruppe 12 ‚Statistik' eingestuft wurden.

Die hiermit angedeuteten Probleme hätte man – zumindest in sehr vielen Zweifelsfällen – auf zweierlei Weise umgehen können. Die eine Möglichkeit hätte darin bestanden, daß man für die bei der Einordnung der Titel einzuhaltende ‚Ordnung der Schlagwörter' klare Regelungen festgelegt hätte – etwa in der Weise, daß der ‚reale' Aspekt stets vor dem ‚formalen' Aspekt zu beachten sei. Die andere Möglichkeit hätte darin bestanden, die Gliederung auf die ‚realen' Gruppen zu beschränken und für jede derselben eine Reihe ‚formaler' Untergruppen einzuführen. Alle in dieser Gliederung vorhandenen ‚formalen' Gesichtspunkte, dazu etwa auch eine regionale Unterteilung, hätten sich ohne weiteres auf die in der Gliederung vorhandenen ‚Real'-Gruppen aufteilen lassen, und auf diese Weise hätte die Literaturerschließung der ‚Übersicht' leicht und in einer für wissenschaftliche Zwecke sehr brauchbaren Form vertieft werden können.

Daß irgend ein Versuch einer Verbesserung in diese Richtung – auch nach Sombarts Kritik – nicht unternommen worden ist, daß man in dieser ‚Übersicht' offensichtlich nicht um eine (inhaltlich) klare Abgrenzung zwischen den einzelnen Gruppen und nicht einmal darum bemüht gewesen ist, die Einordnung der angezeigten Titel nach erkennbaren, einheitlichen Grundsätzen vorzunehmen – diese Mängel lassen Sombarts Beanstandungen im Detail durchaus zu Recht bestehen. Auf der anderen Seite muß man aber annehmen, daß dem Herausgeber und besonders den Bearbeitern der ‚Übersicht' die beklagten Mängel aus der praktischen Arbeit nur zu gut bekannt gewesen sind; und dies führt zu dem Schluß, daß Conrad und seine Mitarbeiter überhaupt nicht die Absicht hatten, in der ‚Übersicht' der ‚Jahrbücher' eine höchsten wissenschaftlichen Ansprüchen genügende Literaturerschließung, wie sie etwa Sombart vorgeschwebt haben mag, zu bieten. Die mit dieser ‚Übersicht' verfolgte Absicht beschränkte sich vielmehr darauf, aus einer Reihe von Bibliographien das für den vermuteten Leserkreis als wesentlich erachtete Schrifttum herauszuziehen und dieses, wenn nicht vollständig, dann wenigstens in zahlenmäßig und inhaltlich repräsentativer Weise zur Anzeige zu bringen. Daß eine anspruchsvollere Literaturerschließung tatsächlich nicht vorgenommen worden ist, konnte man im Prinzip durchaus beklagen; allerdings richtete man sich damit nicht mehr gegen Einzelheiten dieser ‚Übersicht', sondern gegen eine grundsätzliche Entscheidung der Redaktion.

Über die *‚Periodische Presse* des Auslandes' bzw. ‚Deutschlands' ist in den ‚Jahrbüchern' zum ersten Mal im 30. Band (1878), fortan regelmäßig in der Weise berichtet worden, daß für eine Reihe von Zeitschriften die darin erschienenen Aufsätze in kürzester Form angezeigt wurden. Diese Form der Berichterstattung hat während der ganzen hier betrachteten Periode keine Änderung erfahren; die Zahl der hierbei benutzten Zeitschriften betrug bereits in der zweiten Hälfte der achtziger Jahre 90 Titel und hat sich seither ebenfalls nicht mehr wesentlich verändert.

Die Überschrift dieser Rubrik war insofern ungenau, als eine große Zahl periodisch erscheinender Werke zwar nicht hier, aber doch an anderer Stelle der ‚Jahrbücher' – in der soeben geschilderten Übersicht, und zwar zum Teil ebenfalls mit knapper Inhaltsangabe – angezeigt wurde: so die verschiedenen wirtschaftlichen Jahrbücher, Berichte von Handelskammern und anderen

Verbänden, einige historische und geographische Zeitschriften und vor allem die statistische Literatur, die ja zum größten Teil regelmäßig erscheint. In der Presseschau wurden demgegenüber nur Publikationen berücksichtigt, die durch ihr mehr als einmaliges Erscheinen im Jahr eindeutig als Zeitschriften zu kennzeichnen waren.

Thematisch waren diese Organe in vier Gruppen aufzuteilen: Zeitschriften allgemeinen, dabei auch politischen und kulturellen Charakters; Zeitschriften der theoretischen Volkswirtschaftslehre und der Volkswirtschaftspolitik (d.h. einzelner Bereiche der Wirtschaft, wie etwa des Verkehrs-, Versicherungs- oder Bankwesens, der Landwirtschaft oder des Bergbaus); Zeitschriften überwiegend oder ausschließlich statistischen Inhalts; und schließlich einige Organe wirtschaftlicher Interessenverbände von so allgemeiner Bedeutung, daß hier auch ein wissenschaftliches Interesse vorlag. Da die hier gebotene Auswahl als für die damalige nationalökonomische *Fach*zeitschriften-Literatur repräsentativ gelten dürfte, sollen die in den Jahren 1886/89, 1896/99 und 1911/13 in der Presseschau der ‚Jahrbücher' verwerteten Zeitschriften im Anhang dieser Arbeit zusammengestellt werden.

Die Anordnung der Zeitschriftenschau erfolgte getrennt nach Ländern, im übrigen nach dem Alphabet der Titel; eine sachliche Erschließung fand dagegen nicht statt, so daß man auch diesen Teil der literarischen Berichterstattung als ‚unübersichtlich' kritisieren könnte. Zur Rechtfertigung ist allerdings einzuwenden, daß der geschulte Benutzer von vornherein wußte, in welchen Zeitschriften er sich über bestimmte Fragen unterrichten konnte, wie man umgekehrt annehmen kann, daß diese Leser zu ihrer regelmäßigen Information nur eine begrenzte Zahl von Blättern durchzusehen pflegten. Für diese Bedürfnisse genügte die ‚Zeitschriftenschau' durchaus; ohne das Problem der sachlich-systematischen Erschließung überhaupt erst entstehen zu lassen, bot sie eine schnell zu bearbeitende und damit – dank der monatlichen Erscheinungsweise – unbedingt aktuelle Informationsmöglichkeit über einen beachtlichen Teil der in- und ausländischen Zeitschriftenproduktion.

### d) Die Register

Unter Conrad sind nur zwei Register zu den ‚Jahrbüchern' erschienen – zum Abschluß des Jahrgangs 1882 im 39. Band sowie im Jahre 1902 als gesonderte Veröffentlichung für die Bände 1 (1863) bis 75 (1900). Wie das letzte unter Hildebrand entstandene Register von 1877 gegenüber seinen Vorgängern eine völlige Neuschöpfung darstellte, so waren auch diese beiden neuen Verzeichnisse keine bloßen Übernahmen und Fortsetzungen ihrer jeweiligen Vorgänger. Und wenngleich in der Art der sachlichen Erschließung keine grundsätzlichen Veränderungen mehr vorgenommen wurden, so finden wir hier gegenüber 1877 doch einige nennenswerte Verbesserungen.

Der hauptsächliche und gleich in die Augen fallende Unterschied war formaler Natur: Statt eines kombinierten Autoren- und Schlagwortregisters finden wir schon 1882 eine Dreiteilung in ein Sachregister, ein Verzeichnis der besprochenen Schriften und ein Autoren-Register. Diese Dreiteilung bedeutete nicht nur wegen der größeren Übersichtlichkeit eine Verbesserung, sondern auch insofern einen Fortschritt, als in dem Autoren-Register nun auch die Rezensenten der besprochenen Schriften – soweit die Besprechungen mit vollem Namen gezeichnet worden waren – enthalten waren.

In dem Verzeichnis der besprochenen Schriften waren die in den Rubriken ‚Literatur', ‚Eingesendete Schriften' und ‚Übersicht' angezeigten Schriften enthalten, und zwar in der Weise, daß jede der in der ‚Übersicht' benutzten dreizehn Gruppen einzeln vorgenommen wurde. Dies mochte vom Standpunkt der sachlichen Erschließung als vorteilhaft erscheinen, führte tatsächlich aber zu einer äußerst störenden Unübersichtlichkeit dieses nunmehr in dreizehn Teile zerrissenen Verzeichnisses. Darüber hinaus war diese Aufteilung auch deshalb anfechtbar, weil diese Gruppeneinteilung in den früheren Jahrgängen der Zeitschrift nicht bestanden hatte, hier also nachträglich vorgenommen worden war und überhaupt, wie oben nachgewiesen, oft genug keine eindeutige Zuordnung erlaubte.

Im Register von 1902 war dieser Mangel beseitigt. Dessen ‚Verzeichnis der besprochenen Schriften' war allein nach dem Alphabet der Autoren bzw. der Sachtitel angelegt.

Einen weiteren Fortschritt brachte schließlich das ‚Sachregister' dieses jüngsten Verzeichnisses. Hatte man hierzu 1882 allein die *Stich*worte – ein Rückschritt gegenüber 1877! – der Abhandlungen, Miscellen und der in der Abteilung ‚Nationalökonomische Gesetzgebung' enthaltenen Beiträge verwandt, so finden wir nun nicht nur ein äußerst ausführliches Schlag- und Stichwort-Register, sondern auch insofern eine Erweiterung des Geltungsbereichs, als dieses „Sachregister . . . sich sowohl auf die Abhandlungen, die Miscellen und die Nationalökonomische Gesetzgebung, als auch auf die rezensierten Schriften bezieht"(209). Auf diese Weise machte das Sachregister nunmehr fast die Hälfte des ganzen Registers aus. Im übrigen waren hier auch kleinere Mängel, die wir 1877 am Rande bemerkt hatten, ausgemerzt; so finden wir jetzt bei der Vergabe zusätzlicher Schlagwörter auch den geographischen Aspekt durchweg berücksichtigt, und soweit unter einem Ordnungswort mehrere Beiträge angezeigt wurden, waren diese in eine alphabetische Ordnung gebracht. Das Register von 1902 war von Dr. Felix Wissowa, einem ‚Hilfsbeamten bei der Bibliothek des Reichsgerichts' in Leipzig, bearbeitet worden und zeigte in allem die Hand des erfahrenen Fachmannes.

## IV Abschließendes Urteil

Wenn wir in einem abschließenden Überblick versuchen, uns ein Urteil über den Wandel zu bilden, den die ‚Jahrbücher' unter ihrem zweiten Herausgeber erfahren haben, dann fällt zunächst die außerordentliche Ausdehnung des Umfangs der Zeitschrift in die Augen. Die schon wenige Monate nach der Übernahme vorgenommene Einführung der Supplement-Hefte; die Erhöhung des Umfangs um ein Viertel des bisherigen Volumens im Januar 1879; die weiteren Steigerungen während der – auch äußerlich den Neubeginn anzeigenden – Neuen Folge ab Juli 1880; die Ausweitung des Mitherausgeberkreises, die (im Januar 1891) zur Begründung einer III. Folge führte; schließlich die (ab Januar 1898 erfolgende) Hinzufügung einer Beilage, deren Umfang innerhalb von zehn Jahren auf mehr als die Hälfte der Zeitschrift selbst anwuchs – dies sind die Stufen einer äußeren Entwicklung, für die sich in den entsprechenden Zeitschriften des Faches kein Beispiel findet.

Zum zweiten ist festzuhalten, daß diese Ausdehnung nicht zu einer Einbuße an wissenschaftlichem Gehalt geführt hat. Conrad hat nicht nur in den besonders befähigten Mitgliedern seines Seminars und in den anderen in Halle tätigen Dozenten seines Faches einen Kreis regelmäßiger – und das heißt: mit der Anlage, dem besonderen Charakter und den Zielen der ‚Jahrbücher' genau vertrauter – Mitarbeiter um sich versammeln können, sondern er hat dank seiner außergewöhnlich reichen und weitgespannten Personalkenntnis in großer Zahl auch Fachleute aus Verwaltung, Wirtschaft und Politik für die Mitarbeit an den ‚Jahrbüchern' gewinnen können. Vor allem aber entging Conrad auf diesem Wege einem Mangel, der die ‚Jahrbücher' unter Hildebrand

209) Anmerkung zu Beginn des ‚Sachregisters'.

nicht über den engen Rahmen einer wissenschaftlichen Fachzeitschrift hatte heraustreten lassen, und den schon die folgende Generation der historischen Schule vorhielt: „Es sind die meisten Monographien Bausteine geblieben, weil der äußere und innere Zusammenhang fehlte, durch den die Bedeutung der Einzeluntersuchung bedingt wird, und weil kein Bauplan vorhanden war." (210) Dabei hat Conrad die ‚Jahrbücher' keineswegs zu einem Sammelpunkt theoretischer Forschung werden lassen. Er sah die Aufgabe der Zeitschrift vielmehr darin, für die von wissenschaftlichem Standpunkt aus geführte Diskussion der ‚schwebenden Fragen unserer Wirtschafts- und Gesellschaftspolitik' das nötige Material bereitzustellen, dieser Diskussion Raum zu bieten und auf diese Weise an der Entscheidung jener Fragen mitzuwirken.

Hierin lag – und damit berühren wir den dritten und wichtigsten Aspekt unseres Urteils – keine Verlagerung einer historisch ausgerichteten nationalökonomischen Detailforschung auf eine ebenso detaillierte Behandlung gegenwärtiger Probleme. Conrads wissenschaftliche Auffassung – dies läßt sich anhand der Umgestaltung der ‚Jahrbücher', an seiner Lehrtätigkeit in Halle und nicht zuletzt an der Wirksamkeit seiner Mitarbeiter und seiner Schüler vielfältig belegen – gründete vielmehr auf einer Einstellung, die später von anderer Seite formuliert und schließlich in ganz andere Richtung verwertet worden ist: B. Harms, der spätere erste Direktor des Instituts für Weltwirtschaft und Seeverkehr in Kiel, bezeichnete es als eine unerläßliche Voraussetzung für die Pflege weltwirtschaftlicher Beziehungen, „die Gesamtlebensäußerungen der Weltwirtschaft dauernd (zu) beobachten . . . (und) eine weltwirtschaftliche Zentralstelle zu schaffen, die diese Voraussetzung restlos erfüllt"(211); einen ersten Schritt zur Verwirklichung dieses Gedankens stellte für Harms die von ihm (bei Fischer in Jena) seit 1913 herausgegebene Zeitschrift ‚Weltwirtschaftliches Archiv' dar, die, genau nach dem Vorbild der Conradschen ‚Jahrbücher', durch eine umfangreiche Beilage ‚Chronik und Archivalien' ergänzt wurde.

W. Gülich, der eigentliche Begründer der Bibliothek des von Harms gegründeten Instituts, wies bei der Beschreibung der Sammelobjekte dieser Bibliothek einmal darauf hin, daß „die Unterlagen, die der sozialwissenschaftliche Forscher braucht, nicht nur aus wissenschaftlichen Werken, also gleich-

210) A. Hesse: Gegenstand und Aufgabe der Nationalökonomie (zit. nach: P. Mombert, Geschichte der Nationalökonomie, Jena 1927, S. 485).
211) B. Harms: Zur Wiederanknüpfung und Pflege der weltwirtschaftlichen Beziehungen Deutschlands, Kiel 1915, S. 18.

sam ‚Fertigfabrikaten' bestehen. Hier muß ergänzend ein Schrifttum hinzukommen, das als gedruckter Niederschlag des sozialen Lebensprozesses selbst laufend entsteht; . . . Es hat für die Forschung den Charakter des ‚Hilfsfabrikats', des ‚Rohstoffes', des ‚Hilfsstoffes'; es ist in seiner Absicht als berichterstattend, normierend, propagandistisch und illustrierend zu bezeichnen." (212)

Diese literarischen Gattungen stehen auch heute noch im Mittelpunkt der Sammeltätigkeit der Kieler Bibliothek – „nicht aus negativer Haltung gegen die überkommene bibliothekarische Praxis, sondern aus positiver Verantwortung der wissenschaftlichen Aufgabe gegenüber"(213). Den Universalbibliotheken fehlt in der Regel dieses Material. Aber es bietet sich ihnen im Bezug bestimmter Zeitschriften des Faches eine Möglichkeit, sich dieses zu verschaffen – wenngleich begrenzt, bearbeitet und ausgewählt. Die Conradschen Jahrbücher sind das älteste Beispiel dieser Art Materialsammlung – andere Zeitschriften dieses Typs sind das soeben erwähnte ‚Weltwirtschaftliche Archiv' und die ‚Soziale Praxis' gewesen, die als ergänzende Materialsammlung des seit 1888 von H. Braun herausgegebenen ‚Archivs für soziale Gesetzgebung und Statistik' diente. Die Kenntnis solcher Zeitschriften dient nicht zuletzt auch bibliothekarischem Interesse – als Ansatzpunkt für eine sachliche Erschließung des hierin gebotenen Materials wie für den hierauf gründenden wissenschaftlichen Auskunftsdienst.

212) W. Gülich: Die Bibliothek des Instituts für Weltwirtschaft (in: Weltwirtschaftliches Archiv, Bd 50, Jena 1939, S. 145 ff.), S. 150.
213) Ebenda S. 148.

## Anhang

Verzeichnis der in der Rubrik ‚Die Periodische Presse des Auslandes/Deutschlands' in den Jahren 1886/89, 1896/99 und 1911/13 verwerteten Zeitschriften (214)

| | | enth. in den Jahren 1886 – 1889 | 1896 – 1899 | 1911 – 1913 |
|---|---|---|---|---|
| *I* | – *Deutsches Reich* | | | |
| 1) | Die Alkoholfrage | – | – | x |
| 2) | Allgemeines statistisches Archiv | – | x | – |
| 3) | (‚Hirth's') Annalen des Deutschen Reichs für Gesetzgebung, Verwaltung und Statistik | x | x | x |
| 4) | Annalen für Gewerbe- und Bauwesen | x | – | – |
| 5) | Annalen für soziale Politik und Gesetzgebung | – | – | x |
| 6) | Der Arbeiterfreund | x | x | x |
| 7) | Archiv für bürgerliches Recht (mit Einschluß des Handelsrechts) | x | x | x |
| 8) | Archiv für Eisenbahnwesen | x | x | x |
| 9) | Archiv für exakte Wirtschaftsforschung | – | – | x |
| 10) | Archiv für innere Kolonisation | – | – | x |
| 11) | Archiv für öffentliches Recht | x | x | – |
| 12) | Archiv für Post und Telegraphie | x | x | – |
| 13) | Archiv für Rassen- und Gesellschaftsbiologie | – | – | x |
| 14) | Archiv für Rechts- und Wirtschaftsphilosophie | – | – | x |
| 15) | Archiv für soziale Gesetzgebung und Statistik (ab 1904: Archiv für Sozialwissenschaft und Sozialpolitik) | x | x | x |

214) Die Reihenfolge der Titel ist aus den ‚Jahrbüchern' übernommen; die Aufführung eines Titels bedeutet nicht unbedingt, daß die Zeitschrift während des ganzen jeweils angegebenen Zeitraums erschienen ist.

| | | enth. in den Jahren 1886 – 1889 | 1896 – 1899 | 1911 – 1913 |
|---|---|---|---|---|
| 16) | Archiv für soziale Hygiene | – | – | x |
| 17) | Weltwirtschaftliches Archiv | – | – | x |
| 18) | Christlich-soziale Blätter | x | x | – |
| 19) | Blätter für vergleichende Rechtswissenschaft und Volkswirtschaftslehre | – | – | x |
| 20) | Kommunalpolitische Blätter | – | – | x |
| 21) | Landwirtschaftliche Blätter für Bodenkredit, Landeskultur, innere Kolonisation und Versicherungswesen (älterer Titel: Der landwirtschaftliche Bodenkredit) | – | – | x |
| 22) | Volkswirtschaftliche Blätter | – | – | x |
| 23) | Concordia, Zeitschrift der Zentralstelle für Volkswohlfahrt | – | – | x |
| 24) | Deutsche Revue (über das gesamte nationale Leben der Gegenwart) | x | x | x |
| 25) | Deutsche Rundschau | x | x | x |
| 26) | Export | – | – | x |
| 27) | Finanzarchiv | x | x | x |
| 28) | Die Frau im gemeinnützigen Leben | x | – | – |
| 29) | Die Gegenwart, Wochenschrift für Literatur, Kunst und öff. Leben | – | – | x |
| 30) | Gewerblicher Rechtsschutz und Urheberrecht, Zeitschrift des deutschen Vereins zum Schutz des gewerbl. Eigentums | – | x | x |
| 31) | („Schmoller's") Jahrbuch für Gesetzgebung, Verwaltung und Volkswirtschaft im Deutschen Reich | x | x | x |
| 32) | Deutsche Industrie-Zeitung | – | – | x |
| 33) | Journal für Landwirtschaft | x | x | – |
| 34) | Kartell-Rundschau | – | – | x |
| 35) | Soziale Kultur | – | – | x |
| 36) | Koloniale Monatsblätter (ält. Titel: Zeitschr. für Kolonialpolitik, -recht und Kolonialwirtschaft) | – | – | x |

| | | enth. in den Jahren 1886 – 1889 | 1896 – 1899 | 1911 – 1913 |
|---|---|---|---|---|
| 37) | Allgemeine Konservative Monatsschrift für das christliche Deutschland | x | – | – |
| 38) | Landwirtschaftliche Jahrbücher | x | x | x |
| 39) | Masius' Rundschau (ält. Titel: Rundschau der Versicherungen) | x | x | x |
| 40) | Mitteilungen des Vereins zur Wahrung der gemeinsamen wirtschaftlichen Interessen in Rheinland und Westfalen | – | x | – |
| 41) | Sozialistische Monatshefte | – | – | x |
| 42) | Monatshefte (später: Vierteljahreshefte) zur Statistik des Deutschen Reichs | x | x | x |
| 43) | Die Neue Zeit, Revue des geistigen und öffentlichen Lebens | x | x | x |
| 44) | Der deutsche Ökonomist | – | – | x |
| 45) | Plutus, Kritische Wochenschrift für Volkswirtschaft und Finanzwesen | – | – | x |
| 46) | Preußische Jahrbücher | x | x | x |
| 47) | Recht und Wirtschaft | – | – | x |
| 48) | Politisch-anthropologische Revue | – | – | x |
| 49) | Soziale Revue | – | – | x |
| 50) | Koloniale Rundschau | – | – | x |
| 51) | Sozial-Technik | – | – | x |
| 52) | Unsere Zeit, Deutsche Revue der Gegenwart | x | – | – |
| 53) | Vereinsblatt für deutsches Versicherungswesen | x | x | – |
| 54) | Verhandlungen, Mitteilungen und Berichte des Centralverb. deutscher Industrieller | – | x | – |
| 55) | Verwaltung und Statistik | – | – | x |
| 56) | Verwaltungsarchiv | – | x | – |
| 57) | Vierteljahrsschrift für Staats- und Volkswirtschaft, für Literatur und Geschichte der Staatswissenschaften aller Länder | – | x | – |
| 58) | Vierteljahrsschrift für Volkswirtschaft, Politik und Kulturgeschichte | x | – | – |

| | | enth. in den Jahren 1886 – 1889 | 1896 – 1899 | 1911 – 1913 |
|---|---|---|---|---|
| 59) | Weltverkehr | – | – | x |
| 60) | Deutsche Wirtschaftszeitung | – | – | x |
| 61) | Zeitschrift für Agrarpolitik | x | – | – |
| 62) | Zeitschrift für Bergrecht | x | x | – |
| 63) | Zeitschrift für das Berg-, Hütten- und Salinenwesen im preußischen Staat | x | – | – |
| 64) | Zeitschrift für Kleinbahnen | x | x | – |
| 65) | Zeitschrift für (deutsche) Kulturgeschichte | – | x | – |
| 66) | Zeitschrift für Sozial- und Wirtschaftsgeschichte | – | x | x |
| 67) | Zeitschrift für Sozialwissenschaft | – | x | x |
| 68) | Zeitschrift des k. bayr. statistischen Büros (Landesamts) | x | x | x |
| 69) | Zeitschrift des k. preuß. statistischen Büros (Landesamts) | x | x | x |
| 70) | Zeitschrift des k. sächs. statistischen Büros (Landesamts) | x | x | x |
| 71) | Zeitschrift für die gesamte Staatswissenschaft | x | x | x |
| 72) | Zeitschrift für die gesamte Strafrechtswissenschaft | x | x | x |
| 73) | Zeitschrift für die gesamte Versicherungswissenschaft | – | – | x |
| 74) | Zeitschrift für Handelswissenschaft und Handelspraxis | – | – | x |
| 75) | Zeitschrift für deutsche Volkswirtschaft | x | – | – |

*II* *Frankreich*

| | | | | |
|---|---|---|---|---|
| 1) | Annales de l'école libre des sciences politiques | x | x | – |
| 2) | Bulletin du conseil supérieur de statistique | x | – | – |
| 3) | Bulletin du Ministère de l'agriculture | x | x | – |

| | | enth. in den Jahren 1886 – 1889 | 1896 – 1899 | 1911 – 1913 |
|---|---|---|---|---|
| 4) | Bulletin de statistique et de la législation comparée | x | x | x |
| 5) | Le Devenir social | – | x | – |
| 6) | Journal du droit international privé et de la jurisprudence comparée | x | x | – |
| 7) | Journal des économistes | x | x | x |
| 8) | Journal de la Société de Statistique de Paris | x | x | x |
| 9) | Le Moniteur des assurances | x | x | – |
| 10) | Le Mouvement social | – | – | x |
| 11) | La Réforme sociale | x | x | x |
| 12) | Revue des deux mondes | x | x | – |
| 13) | Revue d'économie politique | x | x | x |
| 14) | Revue générale d'administration | x | x | x |
| 15) | Revue d'histoire des doctrines économiques | – | – | x |
| 16) | Revue internationale de Sociologie | – | x | x |
| 17) | Revue maritime | x | x | – |
| 18) | Revue politique et parlamentaire | – | x | – |
| 19) | Revue des sciences politiques | – | – | x |
| 20) | La Revue sociale | – | x | – |
| 21) | La Science sociale | – | – | x |

*III* *Italien*

| | | | | |
|---|---|---|---|---|
| 1) | Annali di agricolture | x | – | – |
| 2) | Annali di statistica | x | – | – |
| 3) | Bulletin de l'Institut International de Statistique | x | x | – |
| 4) | Giornale degli Economisti | x | x | x |
| 5) | Rivista della beneficenza publica et delle istituzioni di previdenza | x | x | x |
| 6) | Rivista internazionale di scienze sociali e discipline ausiliarie | – | – | x |
| 7) | Rivista italiana di sociologia | – | x | x |

| | | enth. in den Jahren 1886 – 1889 | 1896 – 1899 | 1911 – 1913 |
|---|---|---|---|---|
| *IV* | *Großbritannien* | | | |
| 1) | Board of Trade Journal | – | x | – |
| 2) | The Contemporary Review | x | x | x |
| 3) | The Economic Journal | – | x | x |
| 4) | The Economic Review | – | x | x |
| 5) | The Edinburgh Review | x | x | x |
| 6) | The Fortnightly Review | x | x | x |
| 7) | The Humanitarian | – | x | – |
| 8) | The Journal of the Board of Agriculture | – | – | x |
| 9) | Journal of the Institute of Actuaries | x | x | – |
| 10) | Journal of the Institute of Bankers | – | – | x |
| 11) | Journal of the Statistical Society | x | x | x |
| 12) | The Nineteenth Century | x | x | x |
| 13) | The Quarterly Review | x | x | x |
| 14) | Transactions of the Manchester Statistical Society | x | x | – |
| 15) | The Westminster Review | x | – | – |
| *V* | *Österreich-Ungarn* | | | |
| 1) | Deutsche Worte | x | x | – |
| 2) | Das Handelsmuseum | – | x | x |
| 3) | Land- und forstwirtschaftliche Unterrichtszeitung | x | – | – |
| 4) | Das Leben, Vierteljahresschrift für Gesellschaftswiss. und Kultur | – | x | – |
| 5) | Mitteilungen des kk Finanzministeriums | – | x | x |
| 6) | Mitteilungen der Gesellschaft österr. Volkswirte (spät. Titel: Zeitschrift für Volkswirtschaft, Sozialpolitik und Verwaltung | x | x | x |
| 7) | (Österr. Monatsschrift/) Monatshefte zur christlichen Sozialreform, Gesellschaftswissenschaft, für volkswirtschaftliche und verwandte Fragen | x | x | – |

| | | enth. in den Jahren 1886 – 1889 | 1896 – 1899 | 1911 – 1913 |
|---|---|---|---|---|
| 8) | Nachrichten über Industrie, Handel und Verkehr (aus dem stat. Dept. des kk Handelsministeriums) | x | – | – |
| 9) | Österreichisch-ungarische Revue | x | x | – |
| 10) | Soziale Rundschau | – | – | x |
| 11) | Statistische Monatsschrift | x | x | x |
| 12) | Ungarische Revue | x | – | – |
| 13) | Volkswirtschaftliche Mitteilungen aus Ungarn | – | – | x |
| *VI* | *Schweiz* | | | |
| 1) | Bibliothéque universelle et Revue Suisse | – | – | x |
| 2) | Schweizerische Blätter für Wirtschafts- und Sozialpolitik | – | x | x |
| 3) | L'Union postale | x | x | – |
| 4) | Zeitschrift für schweizerische Statistik | x | x | – |
| *VII* | *Belgien und Holland* | | | |
| 1) | Bijdragen van het Statistisch Institut | x | – | – |
| 2) | De Economist | x | x | x |
| 3) | Revue coloniale internationale | x | – | – |
| 4) | Revue de droit international et de législation comparée | x | x | – |
| 5) | Revue économique internationale | – | – | x |
| *VIII* | *Skandinavien* | | | |
| 1) | Nationalökonomisk Tidskrift | x | – | – |
| 2) | Statistisk Tidskrift | x | – | – |

| | | enth. in den Jahren 1886 – 1889 | 1896 – 1899 | 1911 – 1913 |
|---|---|---|---|---|
| *IX* | *USA* | | | |
| 1) | The American Economic Review | – | – | x |
| 2) | American Journal of Sociology | – | x | x |
| 3) | Annals of the American Academy of Political and Social Science | – | x | x |
| 4) | The Bankers' Magazine | – | – | x |
| 5) | Bulletin of the Department of Labor | – | x | x |
| 6) | The Journal of political economy | – | x | x |
| 7) | Journal of Social Science | – | x | – |
| 8) | Political Science Quarterly | x | x | x |
| 9) | (Quarterly) Publications of the American Statistical Association | – | x | x |
| 10) | Quarterly Journal of Economics | x | x | x |
| 11) | The Yale Review | – | x | – |

# Literaturverzeichnis [215]

Albrecht, Gerhard: (Nachruf auf) Ludwig Elster (in: Jbb Bd 143, 1936, S. 257 ff.)

Below, Georg von : Zur Würdigung der historischen Schule der Nationalökonomie (in: Zeitschrift für Sozialwissenschaft, Jahrg. 7, Berlin 1904, S. 145 ff.)

Brodnitz, Georg: Die Zukunft der Wirtschaftsgeschichte (in: Jbb Bd 95, 1910, S. 145 ff.)

Bortkiewicz, L. von: (Nachruf auf) Wilhelm Lexis (in: Bulletin de l'Institut International de Statistique, Tome 20, Vienne 1915, S. 328 ff.)

Cohn, Gustav: Grundlegung der Nationalökonomie, Stuttgart 1885

Conrad, Else: Der Verein für Sozialpolitik und seine Wirksamkeit auf dem Gebiet der gewerblichen Arbeiterfrage, Jena 1906

Conrad, Johannes: (Nachruf auf) Bruno Hildebrand (in: Jbb Bd 30, 1878, Heft 2/3, S. I ff.)

ders.: Grundriß zum Studium der politischen Ökonomie, 4 Bde, Jena 1898 ff.

ders.: Economic History in relation to kindred Sciences (in: Congress of Arts and Science. Universal Exhibition, St. Louis 1904. Vol. 2, Boston u.a. 1906, S. 196 ff.)

ders.: Lebenserinnerungen. Aus seinem Nachlaß herausgegeben von Else Kesten-Conrad und Herbert Conrad. Naumburg 1917

Diehl, Karl: (Nachruf auf) Johannes Conrad (in: Jbb Bd 104, 1915, S. 737 ff.)

Eckardt, Julius von: Lebenserinnerungen. 2 Bde, Leipzig 1910

Elster, Ludwig: ‚In memoriam' (= Vorwort zur 4. Aufl. des Handwörterbuchs der Staatswissenschaften) – (in: HdSt, 4. Aufl., Bd 1, Jena 1923)

Eulenburg, Franz: Die wirtschaftliche Berichterstattung der letzten Jahre in Deutschland und ihre Methoden (in: Jbb Bd 91, 1908, S. 642 ff.)

Fallati, J.: Stand der administrativen Statistik in Deutschland im Jahre 1848–49 (in: Zeitschrift für die gesamte Staatswissenschaft, Bd 6, Tübingen 1850, S. 727 ff.)

215) In diesem sind die in der Arbeit verwerteten Rezensionen aus den ‚Jahrbüchern' nicht einzeln aufgeführt; diese sind am gegebenen Ort jeweils ausführlich zitiert. Die im folgenden verwandte Abkürzung ‚Jbb' bedeutet ‚Jahrbücher für Nationalökonomie und Statistik'.

Fischer, Gustav / Prof. der Staatswissenschaften in Jena /: Über die Errichtung staatswissenschaftlicher Seminarien auf den deutschen Universitäten nebst einem Bericht über das staatswissenschaftliche Seminar in Jena, Jena 1857

Fischer, Gustav / Verleger in Jena /: s.u. bei Trübner, Karl

Gehrig, Hans: Bruno Hildebrand. Gedenkworte (zum hundertsten Geburtstag am 6.3.1912) – (in: Jbb Bd 98, 1912, S. I ff.)

Geschichte der Universität Jena 1548/58–1958. Festgabe zum vierhundertjährigen Universitätsjubiläum. Im Auftr. v. Rektor und Senat verf. u. hrsg. v. ei. Kollektiv des Historischen Instituts der Friedrich-Schiller-Universität Jena unter Leitung v. Max Steinmetz. Bd I: Darstellung. Jena 1958

Gülich, Wilhelm: Die Bibliothek des Instituts für Weltwirtschaft (in: Weltwirtschaftliches Archiv, Bd 50, Jena 1939, S. 145 ff.)

Hildebrand, Bruno: Die Nationalökonomie der Gegenwart und Zukunft (in: Sammlung sozialwissenschaftlicher Meister, hrsg. von H. Waentig, Bd 22), Jena 1922

ders.: Vorwort (zu den ‚Jahrbüchern für Nationalökonomie und Statistik) – (in Jbb Bd 1, 1863, S. 1 ff.)

ders.: Die gegenwärtige Aufgabe der Wissenschaft der Nationalökonomie (in: Jbb Bd 1, 1863, S. 5 ff.)

ders.: Die statistische Aufgabe der landwirtschaftlichen Vereine (in: Jbb Bd 1, 1863, S. 478 ff.)

(ders.:) Das statistische Bureau vereinigter thüringischer Staaten in Jena (in: Jbb Bd 3, 1864, S. 71 ff.)

(ders.:) Die früheren Volkszählungen und die Volkszählung vom 3. Dezember 1864 in Thüringen (in: Jbb Bd 3, 1864, S. 366 ff.)

ders.: Die wissenschaftliche Aufgabe der Statistik (in: Jbb Bd 6, 1866, S. 1 ff.)

(ders.:) Das statistische Seminar in Jena (in: Jbb Bd 6, 1866, S. 77 f.)

(ders.:) (Selbstanzeige der) Statistik Thüringens, Bd 1 (in: Jbb Bd 6, 1866, S. 345 ff.)

(ders.:) (Rezension des Werkes) Zur Geschichte der deutschen Kleingewerbe im 19. Jahrhundert. . . . von Gustav Schmoller (in: Jbb Bd 13, 1869, S. 405 ff.)

ders.: Die Verdienste der Universität Jena um die Fortbildung und das Studium der Staatswissenschaften (in: Jbb Bd 18, 1872, S. 1 ff.)

(ders.:) Die Eisenacher Versammlung zur Besprechung der socialen Frage und Schmoller's Eröffnungsrede (in: Jbb Bd 20, 1873, S. 1 ff.)

Halle, Ernst von: Einige methodologische Bemerkungen hinsichtlich der wirtschaftlichen Berichterstattung (in: Jbb Bd 87, 1906, S. 397 ff.)

Kähler, Wilhelm: Die Entwickelung des staatswissenschaftlichen Unterrichts an der Universität Halle (in: Festgabe für Johannes Conrad, hrsg. v. Hermann Paasche, S. 113 ff.), Jena 1898

ders.: Die Kameralwissenschaften als Unterrichtsfach an deutschen Universitäten (in: Jbb Bd 90, 1908, S. 219 ff.)

Kirchner, Joachim: Das deutsche Zeitschriftenwesen und seine Probleme. Teil I (2. Aufl. Wiesbaden 1958), II (Wiesbaden 1962)

Kollmann, Paul: Das statistische Amt für das Großherzogtum Oldenburg in den ersten fünfzig Jahren seines Bestehens (in: Jbb Bd 83, 1904, S. 717 ff.)

Lette, A.: Zur Geschichte der Bildung und Wirksamkeit des Central-Vereins in Preußen für das Wohl der arbeitenden Klassen (in: Der Arbeiterfreund, Bd 1, Berlin 1863, S. 1 ff.)

Lexis, Wilhelm: Systematisierung, Richtung und Methoden der Volkswirtschaftslehre (in: Die Entwicklung der deutschen Volkswirtschaftslehre im neunzehnten Jahrhundert. Teil I, Leipzig 1908)

Lütge, Friedrich: Das Verlagshaus Gustav Fischer in Jena. Seine Geschichte und Vorgeschichte. Jena 1928

Menz, Gerhard: Die Zeitschrift. Stuttgart 1928

Mohl, Robert von: Die Geschichte und Literatur der Staatswissenschaften. Bd 1, Erlangen 1855

ders.: Die zur Beibringung des staatswissenschaftlichen Stoffes bestimmten Jahresschriften (in: Zeitschrift für die gesamte Staatswissenschaft, Bd 8, Tübingen 1852, S. 211 ff.)

Mombert, Paul: Geschichte der Nationalökonomie. Jena 1927

Philippovich, Eugen von: Das Eindringen der sozialpolitischen Ideen in die Literatur (in: Die Entwicklung der deutschen Volkswirtschaftslehre im neunzehnten Jahrhundert. Teil II, XXXI, Leipzig 1908

Richter, Gustav: Eduard Frommann. Ein Nachruf. (in: Zeitschrift des Vereins für thüringische Geschichte und Altertumskunde. NF Bd 2, Jena 1882, S. 461 ff.)

Roscher, Wilhelm: Anfänge des nationalökonomischen Zeitschriftenwesens in Deutschland (in: Jbb Bd 4, Jena 1865, S. 85 ff.)

ders.: Geschichte der National-Ökonomik in Deutschland. München 1874

Salin, Edgar: Geschichte der Volkswirtschaftslehre. 4. Aufl., Bern und Tübingen 1951

Schaeffle, Albert: Zum fünfzigjährigen Bestande der ‚Tübinger Zeitschrift' (in: Zeitschrift für die gesamte Staatswissenschaft, Jahrg. 50, Tübingen 1894, S. VII ff.)
Scheel, Hans von: Geschichte der politischen Ökonomie (in: Handbuch der Politischen Ökonomie. Hrsg. v. G. Schönberg. Bd. 1, Tübingen 1882, S. 57 ff.)
Schmoller, Gustav: Offenes Sendschreiben an Herrn Professor Dr. Heinrich von Treitschke über einige Grundfragen des Rechts und der Volkswirtschaft (in: Jbb Bd 23, 1874, S. 225 ff., und Bd 24, 1875, S. 81 ff.)
ders.: Über Zweck und Ziel des Jahrbuchs (in: ‚Schmoller's Jahrbuch', Jahrg. 5, Leipzig 1881, S. 1 ff.)
Schreiber, Heinrich: Bibliothekarische Zeitschriftenbetrachtung (in: Zeitungswissenschaft, Jahrg. 10, Berlin und Leipzig 1935, S. 166 ff.)
Schultz, Bruno: Einige Bemerkungen zu Rezensionen in unseren Volkswirtschaftlichen Fachzeitschriften (in: ‚Schmoller's Jahrbuch für Wirtschafts- und Sozialwissenschaften', Jahrg. 88, Berlin 1968, S. 481 ff.)
Schulz, G.: 175 Jahre Duncker & Humblot (in: Börsenblatt für den Deutschen Buchhandel. Frankfurter Ausgabe No. 75 vom 21.9.1973, S. 1456 f.)
Sombart, Werner: Der bibliographische und literarisch-kritische Apparat der Sozialwissenschaften (in: Archiv für Sozialwissenschaft und Sozialpolitik, NF Bd 1, Tübingen 1904, S. 224 ff.)
Sontag, Helmut: Der Buchbesprechungsteil deutscher wirtschaftswissenschaftlicher Zeitschriften (in: ‚Schmoller's Jahrbuch . . . ', Jahrgang 88, Berlin 1968, S. 457 ff.) – (Kurzfassung einer BLI-Hausarbeit 1968)
Trübner, Karl: Wissenschaft und Buchhandel. Zur Abwehr. Denkschrift der Deutschen Verlegerkammer. (Unter Mitw. von Gustav Fischer). Jena 1903
Vollert, Max: Geschichte der Kuratel der Universität Jena (in: Zeitschrift des Vereins für thüringische Geschichte und Altertumskunde. NF Bd 24, Jena 1920, S. 1 ff. und S. 175 ff.)
Wagner, Adolf: Systematische Nationalökonomie (in: Jbb Bd 46, 1886, S. 197 ff.)

FSC
www.fsc.org
MIX
Papier | Fördert
gute Waldnutzung
FSC® C083411

Kolibri 360 GmbH
Ferdinand-Jühlke-Straße 7
99095 Erfurt, Deutschland
produktsicherheit@kolibri360.de